به اُمید بهمَنشی و نیک اَندیشی

Gaumenfreude aus Persien

ISBN 3-932814-08-8

1. Auflage 2004

Autoren:
Reza Haidari Kahkesh, Stuttgart
Babak Haidari Kahkesh, Ahwaz, Iran

Design: Heinz Peter Fothen, Stuttgart

Illustration: Heinz Peter Fothen, Stuttgart

Fotos:
Gudrun Theresia de Maddalena, Tübingen: Food
Gisela Köhler & Heinz Peter Fothen, Stuttgart:
Assesoires, Landschaften und Personen

Lektorat: Karim Zia

Ausstattung: Orizent, Esslingen

Kaligraphie:
Ebrahim Dinaruni, Masjed Solaiman, Iran
Mehran Dabidian, Ludwigsburg

Druck: Offizin Chr. Scheufele, Stuttgart

Gaumenfreude aus Persien

Reza Haidari Kahkesh & Babak Haidari Kahkesh

regura verlag

Inhaltsangabe

Einleitung | Seite 8

Adwijeh dját wa Tarehbár
Gewürze & Kräuter | Seite 14

Geschichte:
Die allwissende Nachbarin | Seite 22

Fisch- und Garnelenspezialitäten

Sabzi Polo bá Máhi
Gedämpfter Kräuterreis mit Fisch | Seite 30
Khoresh-e Meigu
Geschmorte Garnelen in Tomatensauce | Seite 34
Meigu Polo
Reis mit Garnelen | Seite 36
Koresh-e Máhi
Fischfilet in Kartoffeln, Paprika und Tomaten Sauce | Seite 38
Lakhlákh-e Bushehri
Gedämpfter Reis mit Fisch auf südpersische Art | Seite 40

Geflügelspezialitäten

Ghábeli Afgháni
Gedämpfter Reis mit Karotten und Hähnchen Afghanische Spezialität | Seite 42
Koresh-e Fesendján bá Pesteh wa Bádám
Geschmortes Hähnchen in Granatapfelmark mit gemahlenen Pistazien und Mandeln | Seite 45
Morgh-e Tanuri bá Kári Polo
Gebratenes Huhn mit Curryreis | Seite 46
Koresh-e Morgh wa Sabzi
Koresh-e Morgh wa Sabzi | Seite 50
Khoresh-e Morgh wa Bádemdján wa Bámieh
Geschmortes Huhn mit gebratenen Okrabohnen und Auberginen | Seite 51

Fleischlose Spezialitäten, Vegetarisches

Kukuj-e Sabzi
Kräuteromelett | Seite 52
Buráni-e Bághelá
Dicke Bohnen–Buráni | Seite 54
Buráni-e Cháhár Rang
Vier Farben Buráni | Seite 55
Buráni-e Kadu-Bádemdján
Zucchini–Aubergine–Buráni | Seite 56
Ghalieh Kadu Halwái
Linsen–Kürbis Ghalieh | Seite 59
Djawáher Polo
Juwelen Polo | Seite 60
Auw Ghárch
Steinpilz–Suppe | Seite 65
Sereshk Polo
Gedämpfter Reis mit Berberitzen | Seite 66
Dál Adasi
Rote Linsen–Eintopf | Seite 68
Ábdugh Khiár wa Tarid
Kaltschale mit Joghurt, Gurken und Zwiebeln | Seite 71
Adaspolo
Linsen–Reis Spezialität | Seite 72

Geschichte: *Das verhexte Schaf* | Seite 76

Fleischspezialitäten

Kaleh Gondjeshki
Hackfleischbällchen, auf persisch: Spatzenkopf | Seite 80
Halim Bádemdján
Fleisch–Auberginen Paste | Seite 82
Khoresh-e Kaleh Gondjeshki
Fleischbällchen mit Kartoffeln in Tomatensauce | Seite 84
Gusht-e Barehj-e Tanuri
Gebackenes Lammfleisch | Seite 86
Halim-e Gandom
Weizen–Kalbfleisch–Eintopf | Seite 87
Khoresh-e Ghormeh Sabzi
Geschmortes Lammfleisch in Kräutersauce | Seite 88
Berjáni Polo
Polo mit Lammfleisch | Seite 90
Khoresh-e Bámieh
Lammfleisch mit Okrabohnen | Seite 92
Koresh-e Riwás
Lammfleisch mit Rhabarber | Seite 94
Koresh-e Sibzamini wa Geshniz
Lammfleisch mit Kartoffeln und Koriander | Seite 96
Khoresh-e Álu wa Esfenádj
Lammfleisch in Spinat und Pflaumensauce | Seite 98
Koresh-e Gol-e Kalam wa Hawidj
Lammfleisch mit Blumenkohl und Karotten | Seite 100

Fortsezung Inhaltsangabe

Besonderheiten

Pardisi
Der Vorgeschmack des Paradieses | Seite 102
Kuku Sibzamini bá Hawidj wa Nokhod Sabz
Kartoffelomelett mit Hackfleisch, Karotten und grünen Erbsen | Seite 104
Motandjeh Gusht-e Gusfand
Geschmortes Lammfleisch in Essig und Joghurt | Seite 106
Ábgusht, Dizi
Lammfleisch–Hülsenfrüchte–Kartoffel–Eintopf | Seite 108
Kaleh Pácheh
Lamm– bzw. Schafskopf und Gebeine | Seite 111
Sháh Balut Polo
Lammfleisch Maronen Polo | Seite 112
Dolmehj-e Bádemdján wa Felfel-e Dolmai wa Piáz
Gefüllte Auberginen, Paprika und Gemüsezwiebeln | Seite 115

Süßigkeiten

Guj-e Shádkámi
Persische Marzipanbällchen | Seite 116
Mást bá Khormá
Datteln und Joghurt | Seite 118
Ferni
Milch und Reismehl mit Honig | Seite 119
Halwáj-e Hawidj
Karotten Halwa | Seite 120

Kalte Getränke

Sharbat-e Álbálu
Schattenmorellensirup | Seite 122
Sharbat-e Behlimu
Quitten- Limonen Sirup | Seite 124
Sharbat-e Sekandjebin
Essigsirup | Seite 125

Heiße Getränke

Cháj-e Shir
Milchtee | Seite 126
Cháj -e Marjam-e Golli-Naná-Zandjabil wa Dárchin
Salbei–Minze–Ingwer–Zimt–Tee | Seite 128
Cháj-e Zafarán
Safrantee | Seite 129

Geschichte: *Der schwangere Topf* | Seite 130

Gewürzglossar | Seite 132

Türklopfer für die Frauen und männliche nahe Verwandte, sogenannte Mahrams.

Persische Lebensart

Von Kräutern und Gewürzen, von Festen auf der Sofreh, von Advieh und Taárof.

Würde man die Beschreibung Persiens in ein Kochrezept fassen, dann könnten die Zutaten vielleicht so aussehen:
Landschaftliche und klimatische Vielfalt eines großen Landes, zusammen mit einer herzlichen Gastfreundschaft, Toleranz und Offenheit für alles Neue, gewürzt mit der vielfältigen Lebensweise unterschiedlicher Volksgruppen.

Trotz oder gerade wegen der wechselvollen Geschichte Irans ist die persische Küche einmalig in ihrer Art. Sie ist bekannt für ihre Kreativität und Vielfalt, die eine große Zahl raffinierter Gaumenfreuden hervorgezaubert hat. Bis heute hat die Kochkunst Persiens dabei nichts von ihrer Authentizität verloren. Sie ist, ähnlich wie die Teppichknüpfkunst, aus dem Volk entstanden, also kein Privileg der reichen Leute, sondern alltäglicher Bestandteil der persischen Lebensart. Geschmacklich sind die Gerichte mit der indischen oder fernöstlichen Küche verwandt, allerdings weniger scharf, dafür sehr würzig und aromatisch.

Schon die alten Perser konnten auf die Lebenserfahrungen längst vergangener Epochen zurückgreifen. Sie hatten das Erbe der mesopotamischen Hochkulturen angetreten, sich aus deren jahrtausende alten Lebensweisen das für sie Beste entliehen und in ihren eigenen Alltag integriert. Als Alexander der Mazedonier in seinem Feldzug den letzten achaemenidschen Großkönig, Dareios III., besiegte, übernahm er auch dessen Hofstaat und erlebte zum ersten Mal, was ein Festessen sein konnte.
Heute sind es vielleicht vorrangig die Erzählungen aus Tausend und einer Nacht, der Duft orientalischer Gewürze, die unsere Vorstellungen des alten Persien prägen. Mit dem vorliegenden Kochbuch möchten wir diesen Blickwinkel um das Kulinarische erweitern und somit einen kleinen Beitrag zur Verständigung unserer Kulturen leisten.

Essen ist für uns Perser nicht einfach Nahrungsaufnahme. Wir haben seit unserer Kindheit erlebt, daß die Zubereitung der Speisen eher einem rituellen Umgang mit den von Gott gegebenen Zutaten gleicht. Beispielsweise werden Speisen oftmals extra für die Erfüllung eines abgelegten Gelübdes zubereitet. Dies alles wird einem verständlich und klar, wenn man erkennt wie mühsam es ist, dem kargen Boden eine gute Ernte abzuringen. Um so mehr spricht aus vielen Traditionen die Dankbarkeit zum Schöpfer.

Ein grundlegendes Geheimnis liegt im Köcheln und Dämpfen. Wenn die Zutaten ausreichend Zeit haben, sich miteinander zu mischen und zu verbinden, dann entstehen ungeahnte Geschmackserlebnisse. Besonders wichtig ist es auch, die richtigen Zutaten miteinander zu kombinieren, bzw. eine passende Speisenfolge einzuhalten. Man unterscheidet dabei zwischen heißen und kalten Gerichten. Dies hat jedoch nichts mit der tatsächlichen Temperatur oder dem geschmacklichen Charakter der einzelnen Speisen zu tun. Es ist vielmehr ein System der persischen Küche, das für den Neuling zunächst nicht ganz einfach zu verstehen ist.
Prinzipiell geht man davon aus, daß Menschen mit heißen Naturen eher kalte Nahrungsmittel zu sich nehmen sollten und umgekehrt. Bei der Zubereitung der Speisen wird daher darauf geachtet, daß die gegensätzlichen Elemente von Heiß und von Kalt in ausgewogener Weise kombiniert werden.
Nachfolgend (siehe Randspalte, Seite 10 und 11) haben wir für Sie eine kleine Auswahl zu kombinierender Speisen zusammengestellt, wie sie uns von unserem Vater weitergegeben wurde.
>>>

Türklopfer für fremde Männer, sogenannte Námahrams.

Heiß und Kalt

Genauso wie Menschen, die eine heiße oder kalte Natur zu haben scheinen, werden die Nahrungsmittel auch nach heiß und kalt unterschieden.
Dieses hat nichts zu tun mit der Temperatur der Nahrung, oder in wie weit ein Gewürz scharf oder mild wäre, oder eine Frucht mild oder süß schmecken würde.
Es ist ein System, das in der Kochkunst der persischen Küche seine Anwendung findet. Personen mit heißen Naturen, sollten kalte Nahrungsmittel zu sich nehmen und umgekehrt.
Bei der Zubereitung der Rezepte sollte darauf geachtet werden, indem man die gegensätzlichen Elemente von Heißem und von Kaltem kombinieren sollte.
Nachfolgend habe wir Ihnen eine kleine Auswahl zusammengestellt, so wie sie von unserem Vater an uns weitergegeben wurde.

Getreide & Bohnen

heiß	Kichererbsen, Maisstärke, Mungbohnen, Weizenmehl.
kalt	Weiße Bohnen, Gerste, Gerstenmehl, Linsen, Reis.

>>>

Bis heute verwendet man in Persien hauptsächlich regionale und saisonale Produkte für die Zubereitung der Speisen. Das hat zum einen zur Folge, daß die typischen Zubereitungen in den unterschiedlichen Regionen auch bei gleicher Rezeptur unterschiedliche Geschmacksrichtungen entwickeln. Es garantiert aber vor allem auch eine hohe Qualität und Frische, eine Grundvoraussetzung geschmacklich hervorragender Gerichte. Besonderen Wert legt man auf den Eigengeschmack der Zutaten, wie z. B. von Kräutern oder Gemüse. Die Zubereitung erfolgt immer so, daß sich der optimale Geschmack entfalten kann, ohne dabei andere Zutaten zu überdecken. Die Gewürze bilden den Unterton der Speisen, sollen diese aber niemals dominieren.
Hinzu kommt, daß jede persische Köchin oder Koch mit der Zeit ihre eigene Gewürzkombination für die Fleischgerichte kreiert. Sei es Lamm-, Hühnchen-, oder auch Entenfleisch. Im Persischen nennt man das „Advieh" – das persönliche Geheimnis jeden Küchenmeisters. Für den Novizen der persischen Küche ist das ein langer Erfahrungsprozess, der ihn aber mit ein bißchen Kreativität und Geduld schließlich zu „seiner" Gewürzmischung führt. Ein kleines Gewürzlexikon im Anschluß an die Rezepte soll dem Genießer die Vielfalt der möglichen Gewürze ein wenig näher bringen.

Die Gewürz- und Kräuterkombinationen unserer Rezepte in diesem Buch sind geprägt von unserer südpersischen Heimat, der Provinz Khuzestán. Zwar gibt es auch hier wieder Differenzierungen, doch ist der Grundtenor stets das Pikante und leicht Scharfe. Im Gegensatz zu anderen persischen Regionen verwenden wir bei einigen Gerichten Curry, was sicher eine Besonderheit darstellt.
Eine andere sehr interessante Eigenart der persischen Küche ist die Verwendung von Kräutern anstelle von dem in Europa gern zum Essen verwendeten Salat. Während des Essens nimmt man auch die Kräuter zu sich. Diese setzten sich meist aus einer Mischung von Pfefferminze, Petersilie, Schnittlauch, Radieschen, Frühlingszwiebeln, rotem und grünem Basilikum u.a. zusammen. Auch eingelegte oder eingedickte Gemüse nimmt man zu sich, die sogenannten „Torshi" und „cháshni", im englischen bzw. indischen unter dem Begriff Chutney bekannt.

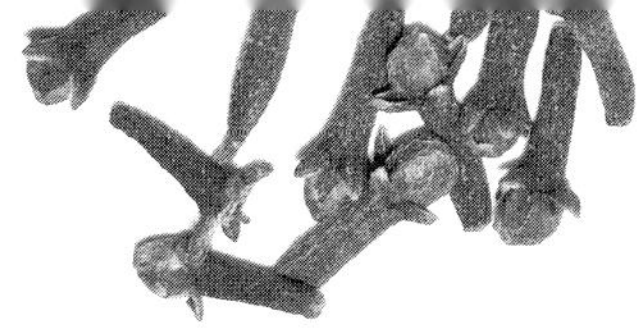

Wenn man zu einem persischen Essen eingeladen wird, ist es Sitte sich vor dem Betreten der Räume die Schuhe auszuziehen. Das hat seinen Grund darin, daß nach der Tradition, und in den meisten ländlichen Haushalten noch heute, die Speisen auf dem Boden serviert werden. Alles wird dabei auf einer dafür vorgesehenen Speisedecke, der sogenannten „Sofreh", aufgetragen. Die Gäste sitzen meist im Schneidersitz um dieses Tuch. Die Füße sollten dieses Tuch jedoch nicht berühren, denn das würde als unhöflich gelten. Man lässt sich viel Zeit beim Essen. Der Gastgeber achtet dabei dezent darauf, daß sein Gast alles zu seinem Wohlergehen bekommt. Denn: Der, dessen Sofreh gerne besucht wird, gilt als angesehen, und seinem Heim und Herd wird der Segen nie versagt bleiben.

Dieser Glaube wurzelt in den altpersischen Festen aus vorislamischer Zeit. Eines der wichtigsten dieser Feste, ist das Nouruz–Fest.
Nouruz – „Der neue Tag", ist der Anfang des Jahres für die Völker im Iran. Dieses Fest, das gleichzeitig das persische Neujahrsfest ist, wird am Tage der Tagundnachtgleiche, in der Regel am 21. März begangen.

Die Tradition des Nouruz–Festes liegt sehr weit zurück. Der Legende nach soll es der vorgeschichtliche König Djamshid gewesen sein, der das Nouruz–Fest einführte.
Jahreszeiten spielten eine lebenswichtige Rolle im Alltag der Menschen. Alles Werden und Gedeihen hing vom ewigen Rhythmus der vier Jahreszeiten ab.
Darius, der Große der achaemenidischen Dynastie, feierte das Nouruz–Fest in seiner neu erbauten Palaststadt Persepolis. Hier wurden die Abgesandten des großen Reiches empfangen. Die noch erhaltenen Wände des großen königlichen Palastes stellen die Szenen der Feiern bildlich dar.
>>>

Gewürze:

heiß	Gelbwurz, Ingwer, Kardamompflanze, Kreuzkümmel, Muskatnuss, Nelken, Pfeffer, Safran, Vanille, Zimt.
kalt	Sumac.

Kräuter:

heiß	Dillkraut, Estragon, Lorbeerblatt, Majoran, Minze, Petersilie, Schnittlauch.
kalt	Kaffee, Koriander Blätter.

Früchte und Nüsse:

heiß	Apfel, Datteln, Feigen, Mandeln, süße Melonen, Quitten, Rosinen, Trauben, Walnüsse.
kalt	Aprikosen, Berberitzen, Nektarinen, Orangen, Pfirsiche, Pflaumen, Sauerkirschen, Wassermelonen.

Gemüse:

heiß	Okra, Karotten, Knoblauch, Mais, grüner Pfeffer, Pilze, Schalotten, Zwiebeln.
kalt	Auberginen, Blumenkohl, grüne Bohnen, Gurke, grüne Erbsen, Kartoffeln, Kopfsalat, Kürbisse, Rhabarber, Rüben, Sellerie, Spinat, Tomate, Traubenblätter.

neutral: Birnen, Feta (Käse), Tee.

Sumach

Verschiedene Grundgetreide- und Gemüsearten wie Weizen, Gerste, Linsen, Bohnen und andere, wurden auf Lehmsäulen gesät. In üppigem Grün wuchsen sie bis zum ersten Tag des neuen Jahres. Der Großkönig empfing als Ersten den obersten Priester seines Reiches. Danach folgten hochrangige Würdenträger und Regierungsbeamte. Jeder übergab dem König ein Geschenk und empfing gleichzeitig ein Geschenk aus den Händen des Königs.
Im ganzen Reich wurde das Nouruz-Fest auf die gleiche Weise wie am Königshofe, nur etwas bescheidener, gefeiert. Seit damals feiern die iranischen Völker, ob Anhänger Zarathustras, Juden, Christen, oder Moslems, Nouruz genau zu der Zeit der Tagundnachtgleiche des Frühlings, also ungefähr am 21. März.
In Anlehnung an die traditionellen Bräuche erhält jeder Haushalt fast einen Monat vor dem Jahreswechsel eine vollständige Reinigung. Weizen, Gerste, Linsen oder andere Hülsenfrüchte werden auf Porzellanplatten oder Tellern 10 Tage zuvor zum Keimen gebracht, so daß die Sprößlinge bis zum Nouruz-Fest 10 bis 15 cm Höhe erreicht haben. Auf einen extra bereitgestellten Tisch legt man das heilige Buch der jeweiligen Religion. Die Gathas oder die Avesta für die Zoroastrier, den Koran für Moslems, oder aber ein Gedichtband von Hafis.

Außerdem werden Spiegel, Kerzen, Duftbrenner, eine Wasserschale mit kleinen Goldfischen, ein Teller mit grünen Sprößlingen, Blumen, Früchte, Münzen, Brot, ein Zuckerhut und verschiedene Getreide, Frischgemüse, bunt bemalte gekochte Eier, ähnlich der Ostereier, darauf gestellt. Besonders wichtig sind die sieben Dinge, deren Anfangsbuchstabe im Persischen ein „S" ist. Üblicherweise handelt es sich dabei um:
Essig, Sumach (die Frucht des Essigbrotbaumes), Knoblauch, Samanu*, Äpfel, Sendjed (Mehlbeeren) und Kräuter.

Dieses vollständige Neujahrsgedeck, schön zurechtgelegt, soll die Ankunft des Lichts und der Wärme, Lebensdauer, Liebe, Freude, Ernte, Wohlstand sowie die Natur symbolisieren. Tatsächlich ist es ein Dank an den Schöpfer. Alle Familienmitglieder versammeln sich gut gekleidet um dieses Gedeck. Gespannt wartet man auf die genaue Zeit der Tagundnachtgleiche. Das Familienoberhaupt rezitiert die Nouruz-Gebete, und anschließend beglückwünscht man sich gegenseitig zum neuen Jahr. Der Älteste gibt den jüngeren Geschenke, oftmals ganz neue Geldscheine oder Münzen.

* Für die Zubereitung von **Samanu** werden die Weizenkörner mit wenig Wasser auf einem Tablett ausgebreitet und mit einem Tuch abgedeckt, bis sie nach 3–4 Tagen auskeimen. Anschließend werden die Keimlinge in ein Sieb gegeben, abgespült und im Mörser zu Püree verarbeitet. Danach gibt man diese Masse in ein Leintuch, preßt das Ganze aus und fängt die austretende Flüssigkeit in einer Schüssel auf und lässt sie mehrere Stunden auf kleiner Hitze, köcheln bis eine breiartige Masse entsteht. Dabei muß man häufig umrühren. Alle aus der Familie und auch die Gäste sind eingeladen selber einmal umzurühren, denn – so glaubt man – gehen Wünsche in Erfüllung. In der letzten halben Stunde gibt man Mandel- und Pistazienstifte hinein. Nahrhaft und gesund.

Zunächst besucht man den Familienältesten, danach Verwandte und Freunde. Jeder Besuch wird erwidert. Die Festlichkeiten dauern 12 Tage, und am Morgen des 13. Tages begibt man sich zu einem Ausflug in die freie Natur.
Dieser Tag wird Sizdeh-Bedar genannt und bedeutet so viel wie „die dreizehn–nach–draußen". Viele Menschen feiern diesen Tag in den Wäldern, Bergen, oder an Flussufern, singen, tanzen, und sind freudiger Stimmung.

Ein anderes sehr altes und interessantes persisches Fest ist das sogenannte „Shab–e Yaldá" Fest, das zur Wintersonnenwende am 21. Dezember gefeiert wird und eine große Bedeutung im altpersischen Kalender hatte. Es ist der Vorabend der Geburt von Mithra, des gütigen Sonnengottes, dessen Licht, Güte und Stärke die Menschen erfreute. Das Wort bedeutet so viel wie Geburt, vom gleichen Ursprung sind die persischen Worte „Tavalod" und „Milád", und deutet auf die Wiedergeburt des Lichts hin. In alten Zeiten symbolisierte es den Triumph des Sonnengottes über die Finsternis. Doch in Wirklichkeit ist es die Ankündigung der Geburt des Sonnengottes Mithra, des Sol Invictus.

Es ist ein Fest, bei dem Freunde und Familienmitglieder zusammenkommen, um Lyrik und Poesie, besonders Hafiz zu rezitieren. Bis weit nach Mitternacht wird gegessen, getrunken und gelesen. Früchte der Jahreszeit werden genossen, besonders Granatäpfel und Wassermelonen.
Die rote Farbe in diesen Früchten symbolisiert die hochroten Farben der Dämmerung und das Glühen des Lebens, die Pracht des aufgehenden Lichtes von Mithra.

Eine weitere typisch persische gesellschaftliche Umgangsform ist das „Taárof".
Es gibt dafür keine direkte Übersetzung ins Deutsche. Es kann als eine Art blumiger Dialog mit seinem Gegenüber, durch Metaphern und einer bestimmten Art von Lyrik, übersetzt werden. Man kann dadurch seine Zuneigung und Achtung, aber auch Mißfallen zum Ausdruck bringen, ohne wirklich direkt zu werden und gibt damit seinem Gesprächspartner die Möglichkeit, sein Gesicht zu wahren. Man könnte noch viel Erzählen über persische Sitten, Gebräuche und Festtage, bei denen immer auch das gemeinschaftliche Essen im Vordergrund steht. Aber wir möchten Sie jetzt einladen, uns durch die wunderbare Vielfalt der authentischen Kochkunst unserer Heimat zu folgen.

Adwijeh dját wa Tarehbár ادویه‌جات، تره‌بار
Gewürze & Kräuter

Gewürze, Kräuter, Hülsenfrüchte und Extrakte gehören mit zu den wichtigsten Grundlagen der persischen Küche. Nachfolgend haben wir Ihnen ein kleines Lexikon zusammengestellt um Ihnen eine Rundreise in die persisch–orientalische Welt der Zutaten zu geben, die Sie während des Kochens der Rezepte kennen lernen werden.
Freuen Sie sich schon jetzt auf diese neuen Geschmackserlebnisse und Gaumenfreuden.

| Bockshornklee–Samen |

| dicke Bohnen |

| Brustbeeren |

| Chilischoten |

| Datteln, getrocknet und frisch |

| gelbe Erbsen |

| Fenchelsamen |

| Galgant, Pulver und Wurzel |

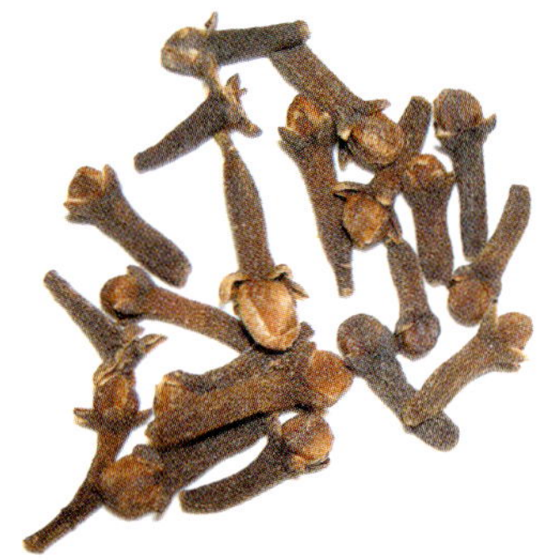

| Gewürznelke |

| Granatapfelkerne, frisch und getocknet |

| Ingwer, frisch, getrocknet und Pulver |

| Kandiszucker |

| Kardamom, schwarz, grün und weiß |

| Kashk, getrocknete Joghurt |

| Kichererbsen, geröstet und Mehl |

| wilder Knoblauch |

| Koriandersamen |

| Kreuzkümmel, zwei Sorten |

| schwarzer Kümmel |

| Kurkuma, Wurzel und Pulver |

| Limonen, frisch und getrocknet |

| rote Linsen |

| Lorbeerblätter |

| essbarer Mastix, Gummiarabikum |

| Mungbohnen |

| Muskatnuss und Macis |

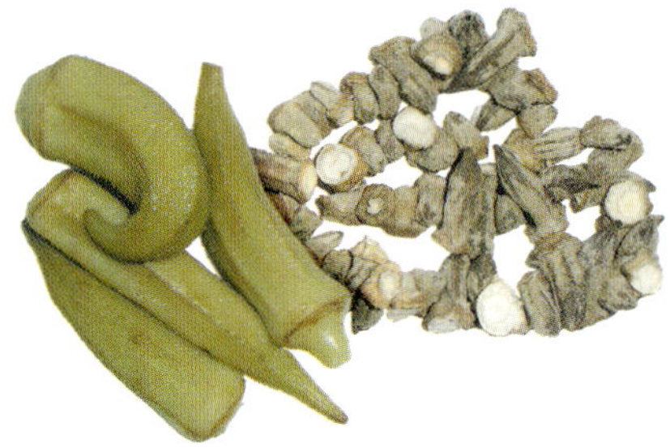

| Okraschoten, frisch und getrochnet |

| Pfeffer, grün, rot, schwarz und weiß |

| getrocknete Pflaumen |

| Piment |

| Pinienkerne |

| Pistazien |

| Reschteh Poloi und Áschi |

| getrocknete Rosenblätter |

| Rosinen und Sultaninen |

| Safranfäden |

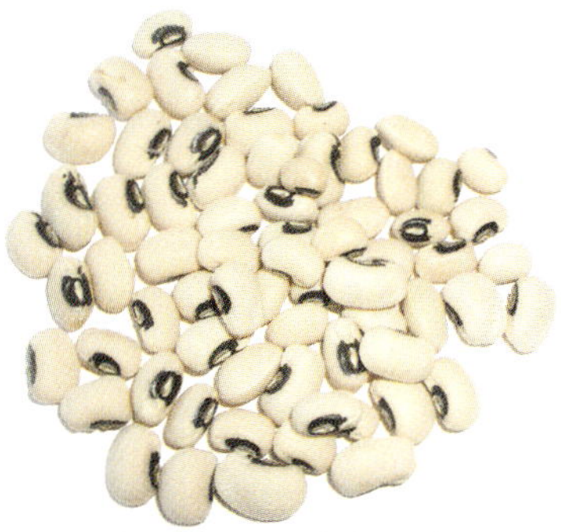

| Schwarzaugenbohnen |

| schwarze und weiße Senfkörner |

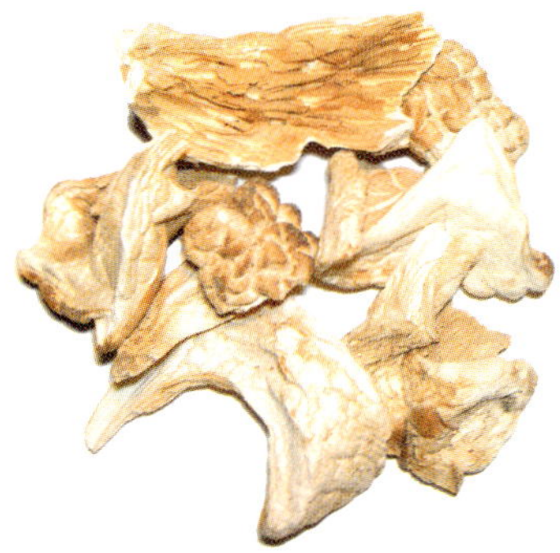

| getrocknete Steinpilze |

| Sternanis |

| Sumach |

| rotes und grünes Basilikum |

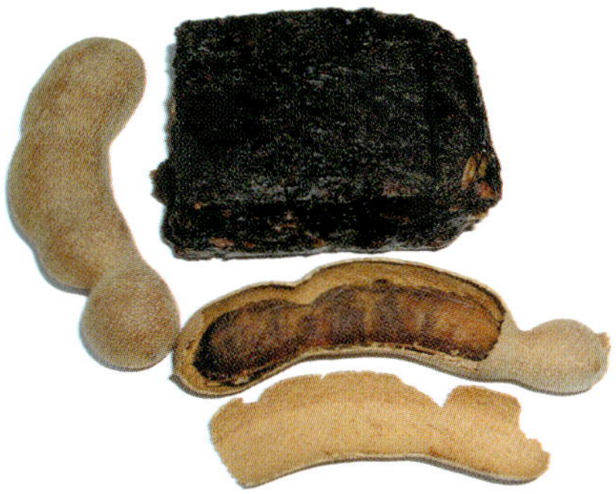

| Tamarinde, Frucht und Paste |

| Weizen und Gerstengraupen |

| Zimt, Stange und Rinde |

| Minze |

| Dill |

| Frühlingszwiebeln |

| Koriander |

| krause und glatte Petersilie |

| Salbei |

| Schnittlauch |

زن همسایه همه فن حریف

Die allwissende Nachbarin

Titelgeschichte aus den persisch-orientalischen Erzählungen von Reza Haidari Kahkesh

An einem schönen, milden Frühlingstag lag Mullah Walli auf seinem Diwan und zog genussvoll an seiner Wasserpfeife. Entspannt lehnte er an mehrere, mit kunstvollen Handstickereien versehene Kissen, die Füße weit von sich gestreckt, während sein Haupt auf einem weichen Seidenkissen ruhte. Vom betörenden Duft der blühenden Bäume und Frühlingsblumen, vermischt mit dem süßlichen Rauch seines Apfel-Honigtabaks, geriet er in einen wundervollen Rauschzustand, den nur noch ein gelegentlicher Schluck heißer Zimt–Kardamomtee zu steigern vermochte. Alsbald verfiel er in einen tiefen Schlaf, so tief, wie der Winterschlaf eines alten Bären. Die einzig sichtbare Regung war das regelmäßige auf und ab seines Bauches, der bei jedem Einatmen zum Vorschein trat und beim Ausatmen wieder unter seinem Hemd verschwand.

Plötzlich, es war schon Nachmittag, wurde er von seiner Frau Sarah unsanft aus dem Schlaf gerissen. „Wach auf, Mann", rief sie ganz außer Atem und rüttelte ihn an der Schulter. Schlaftrunken und leicht erbost über diese unverhoffte Störung herrschte er sie an: „Was ist denn los? Ist deine Mutter gestorben, daß du mich auf diese grauenvolle Weise weckst?" Sarah erwiderte verärgert: „Möge Allah einen Knoten in deine Zunge machen. Was hat meine arme Mutter dir getan, daß du so von ihr sprichst?"
„Was erwartest du von mir", entgegnete Mullah Walli. „So wie du mich erschreckt hast. Ein giftiger Schlangenbiss wäre kaum unangenehmer. Mir wäre beinahe die Gallenblase geplatzt", fügte er, ganz wie ein altes persisches Sprichwort sagt, mißgelaunt hinzu. Sarah achtete nicht auf Mullahs letzte Bemerkung und sagte: „Wir kriegen neue Nachbarn! Steh auf, und schau, was das für Leute sind."

Mullah Walli konnte nur sehr kurz gegen die Neugierde ankämpfen, die durch diese Nachricht bei ihm geweckt wurde. Er streckte sich, stieg von seinem Diwan herab, und rückte, während er zur Hoftüre tapste, seinen Turban zurecht. Er öffnete die Tür einen Spalt breit, genau so weit, daß er gerade die Straße überblicken konnte, ohne selbst entdeckt zu werden. Mullah Walli erblickte einen gut gekleideten Mann, etwa in seinem Alter, bei dem es sich nur um den neuen Nachbarn handeln konnte. Er gab mehreren Trägern Anweisungen, wohin sie die Vielzahl zusammengerollter Teppiche, schöne kostbare Tontöpfe und das reichhaltige Kupfer- und Silbergeschirr bringen sollten und mahnte sie zur Vorsicht, wegen der wertvollen Stücke. Alles wies auf eine wohlhabende Familie hin, die sich anschickte, sich in seinem Nachbarhaus niederzulassen. Er schloß die Hoftüre, ging zu seiner Frau zurück, die schon beinahe vor Neugierde platzte und berichtete ihr, was er gesehen hatte. Anschließend legte er sich wieder auf seinen geliebten Diwan und setzte seinen unterbrochenen Mittagsschlaf fort.

Betende in der Freitags-Moschee am Meidán-e Imam dem früheren Königsplatz in Isfahan.

Eingangstor mit Türklopfer für Frauen und nahe Verwandte und rechts, den für fremde Männer.

Ein paar Tage später, zur Zeit des Mittagsgebets, erblickte Mullah Walli den neuen Nachbarn in der Moschee. Er ging auf ihn zu, stellte sich vor und begrüßte den neuen Nachbarn, er hieß Kamran, aufs Herzlichste. Die beiden verstanden sich auf Anhieb gut und begannen ein angeregtes Gespräch, so als würden sie sich schon lange kennen. Nach dem Gebet machten sie sich gemeinsam in Richtung ihrer Häuser auf den Weg. Als sie vor Kamrans Haus ankamen, bat dieser Mullah Walli zum Mittagessen zu bleiben und sein Gast zu sein. Wie es die Höflichkeit verlangte zierte sich Mullah Walli zunächst, fühlte sich aber zutiefst geschmeichelt und nahm die Einladung schließlich dankend an. Kamran trat daraufhin mit Mullah Walli vor seine Hoftüre und betätigte den Türklopfer für männliche Besucher, um seiner Gattin genügend Zeit zu geben ihren Tschador anzulegen. Schließlich hörten sie von drinnen die Stimme einer Frau und auf die Frage wer da sei, antwortete Kamran: „Ich bin es, mit unserem neuen Nachbarn Mullah Walli."

Kamrans Frau öffnete die Tür. „Das ist Saina, meine Frau, sprach Kamran zu Mullah Walli gewandt. „Und, Saina, das ist unser Nachbar Mullah Walli." Saina hieß Mullah Walli herzlich willkommen und bat die beiden herein. Der Hausherr führte seinen Gast zunächst ins Wohnzimmer und bot ihm den besten Platz an. Nach kurzer Zeit brachte Saina heißen Tee, und fragte, ob die beiden im Haus oder im Innenhof auf dem Diwan, unter den Bäumen, speisen wollen. Aus Höflichkeit richtete Kamran seinen Blick fragend auf Mullah Walli, und wie zu erwarten, sprach Mullah Walli sich für den Diwan aus. Sie tranken Tee und unterhielten sich angeregt weiter, bis sie zum Essen auf den Diwan gebeten wurden.

Als Mullah Walli sah, welche Mengen an Köstlichkeiten bereit gestellt waren, konnte er sich mit Komplimenten für seine Gastgeber nicht mehr zurückhalten. Mit großen Worten begann er die duftenden Speisen zu loben und schmeichelte Kamran, daß sogar der König ihn um seine Gattin beneiden würde, wenn er wüßte, welch kulinarische Kunstwerke sie zu zaubern vermag. Am allermeisten begeisterte ihn der duftige Safranreis, was Saina sehr erfreute; denn man sagt in Persien, daß das Können einer Köchin vom Gelingen des Safranreises abhängig ist.

Nachdem sie gegessen hatten, bedankte sich Mullah Walli überschwänglich für das gelungene Mahl und bat seinen Gastgeber höflich, bald Abschied nehmen zu dürfen, da sich seine Frau bestimmt schon sorgte. Saina fragte er, ob sie seiner Frau nicht die köstliche Zubereitung des Safranreises verraten könne. Saina fühlte sich geschmeichelt und entgegnete lächelnd: „Es wird mir sogar eine große Freude sein, ihrer Gattin mein bescheidenes Reisrezept zu zeigen." Mullah Walli bedankte sich noch einmal für die beispiellose Gastfreundschaft und verabschiedete sich.

Als er zu Hause ankam, berichtete er seiner Frau Sarah sogleich von der großzügigen Gastfreundschaft der Nachbarn, und während er schwelgend seinen Bauch rieb, beschrieb er die köstlichen Speisen, die ihm kredenzt wurden. Sarah wurde auffallend still, als ihr Mann auf die Kochkünste der Nachbarin zu sprechen kam. Das einzige was von ihr zu hören war, waren ihre Zähne, die knirschend aufeinander rieben. Wütend dachte sie bei sich: „Dieser alte Esel. Schämt sich anscheinend überhaupt nicht." „Statt sich für seine Abwesenheit zu entschuldigen, schwärmt er wie ein kleiner, gefräßiger Junge von den angeblichen Köstlichkeiten."

„Hör zu Sarah," unterbrach Mullah Walli die Gedanken seiner Frau. „Ich habe eine große Bitte an dich." Er holte tief Luft, und fuhr mit aufgeregter Stimme fort: „Ich habe die Nachbarin gefragt, ob sie bereit wäre, dir ihre Kochgeheimnisse, vor allem ihr wunderbares Reisrezept zu verraten."
Sarahs Augen wurden groß und sie wäre sicher vor Wut geplatzt, hätte Mullah Walli nicht sanft ihre Lippen berührt und gesagt: „Stell dir vor, was für einen Triumpf würdest du bei deiner Schwägerin erzielen, wenn du ihr ein Reisgericht vorbereitest, bei dem sie nicht mehr ihre üblichen Ratschläge los werden kann, wie du deinen Reis so, oder so kochen sollst, und dass er nicht zu fett, zu körnig oder zu salzig ist." Denn er wußte genau, daß seine Frau alles tun würde, um seine stets nörgelnde Schwester zum schweigen zu bringen. Sarah gefiel der Gedanke, außerdem war sie neugierig auf die Nachbarin geworden. Sie überlegte kurz und willigte schließlich ein: „Aber nur unter der Bedingung, dass du deiner Schwester erzählst, dieses Reisgericht stamme von mir." Mullah Walli war froh, daß das Gespräch diese Wendung genommen hatte und sprach, während er die Hände vor Augen hielt: „Allah möge meine Augenlichter für den Rest des Lebens erlöschen lassen, wenn ich etwas anders behaupten würde."

Gleich am nächsten Tag ging Sarah zum Nachbarhaus hinüber. Sie klopfte an die Tür und überlegte sich schnell ein paar passende Worte, um einen guten Eindrucke bei der Nachbarin zu machen. Denn sie wollte offiziell nur einen Höflichkeitsbesuch abstatten und keinesfalls den Anschein erwecken, wegen des Reisrezeptes gekommen zu sein. Als sich die Tür öffnete, blickte Sarah in Sainas sanftes, freundliches Gesicht und sprach: „Ich bin Sarah, Ihre Nachbarin. Mein Mann hat viel von ihre Gastfreundschaft erzählt und war sehr angetan von ihnen und ihrem Mann. Deshalb wollte ich auch einmal vorbei kommen, um Sie persönlich kennen zu lernen." Daraufhin begrüßte Saina Sarah aufs herzlichste und bat sie herein. Obwohl sie den wahren Grund ahnte, weshalb Sarah ihr so schnell einen Besuch abstattete, ließ sie sich nichts anmerken. Um sie nicht in Verlegenheit zu bringen,

Blick vom Hügel der Feuertempelruine auf Masdjed Solaiman.

machte Saina einen Vorschlag: „Ich bin grade dabei das Mittagessen vorzubereiten. Und wenn sie es nicht für unhöflich halten, würde ich mich sehr über ihre Gesellschaft freuen. Wir können uns ein bißchen unterhalten während ich koche." Sarah strahlte und freute sich, das es ihr wohl erspart bleiben würde, nach der Zubereitung des Safranreises zu fragen. Schnell willigte sie ein: „Sehr gerne. Ich wüßte in diesem Augenblick nicht, was ich lieber täte. Was werden Sie denn heute kochen?"
„Es gibt Ghormeh Sabsi, persisches Lammfleisch, geschmort in Kräutersoße, und als Beilage mache ich gedämpften Safranreis. Die Lieblingsspeise meines Mannes."
„Oh sehr schön", sagte Sarah, „wie bei meinem Mann. Mit dem Unterschied, daß noch weitere unzählige Speisen zu seinen Leibgerichten gehören." Da mußten beide lachen und in dieser heiteren, fast vertrauten Stimmung, begann Saina schließlich mit der Zubereitung des Reises.

„Ich wasche den Reis immer drei mal, um den Staub abzuspülen", sagte Saina und versuchte ihrer Stimme einen beiläufigen Tonfall zu geben, um nicht schulmeisterlich zu wirken. „Oh, was für ein Zufall. Ich auch", gab Sarah sofort zur Antwort, die natürlich Angst hatte, vor der Nachbarin ihr Gesicht zu verlieren.
„Dann fülle ich einen anderen Topf halbvoll mit Wasser, und stelle ihn auf den Herd, bis es zu Kochen beginnt. Anschließend gebe ich den Reis samt einem Löffel Salz hinein". Kopfschüttelnd bemerkte Sarah: „Kaum zu glauben, ich mache es genauso." In diesem Moment wollte Saina schon sagen: „Wenn Du das genauso machst, müßte Dein Safranreis ebenso gut schmecken wie meiner. Aber wieso bittet dein Mann mich dann, dir dieses Gericht beizubringen?" Sie beherrschte sich aber und fuhr statt dessen fort: „Jetzt stelle ich immer ein Sieb bereit, um den Reis, sobald er weich aber noch bißfest ist, mit kaltem Wasser zu übergießen um das überflüssige Salz abzuspülen."
„Ja, ja. Es ist sehr wichtig mit dem kalten Wasser den Reis abzuspülen." Plapperte Sarah in einem leicht überheblichen Tonfall nach. Jetzt wurde Saina langsam wütend auf ihre Nachbarin wegen ihrer Besserwisserei und ihrer Arroganz. Sie überlegte, wie sie diese Situation so schnell wie möglich beenden konnte. Dabei kam ihr ein ganz anderer Gedanke, der ihr insgeheim ein Lächeln auf das hübsche Gesicht zauberte.

Einkaufstraße mit Arkaden in Shush.

„Also liebe Nachbarin", fuhr sie fort, „jetzt stelle ich den leeren Topf wieder auf den Herd, gieße so viel Öl hinein, bis der Boden bedeckt ist, und...."
„Das weiß ich auch. Bis der ganze Boden des Topfes bedeckt ist." Unterbrach sie Sarah mit zunehmender Ungeduld.
„Ja genau so, wie Sie es auch machen", bestätigte Saina ihre Nachbarin. „Jetzt wird der Reis, nachdem er abgetropft ist wieder vorsichtig in den Topf gegeben, dann mache ich mit dem Stil eines langen Holzlöffels lauter Löcher in den aufgehäuften Reis und umwickle dann den Topfdeckel mit einem sauberen Tuch bevor ich den Topf zudecke."
Gerade als Sarah wieder etwas zum Besten geben wollte, sagte Saina mit geheimnisvollem Unterton: „Aber jetzt, meine Liebe, jetzt kommt die Krönung." Sarah verstummte, aber ihre Augen wurden immer größer vor Neugierde.
„Als Krönung vor dem Zudecken", fuhr Saina fort, „nimmt man einen schönen Pferdeapfel, und legt ihn genau in die Mitte auf den Reis. Haben Sie bitte einen Moment Geduld." Sie ging schnell in den Stall, kam nach kurzer Zeit mit einem frischen Pferdeapfel zurück und legte ihn mitten auf den Reis im Topf.
„Fertig ist unser Reis. Jetzt müssen wir eine Stunde warten." Sarah konnte kaum glauben was sie sah. Freute sich aber, daß sie nun das Geheimnis der Reiszubereitung ihrer Nachbarin kannte. Um sich keine Blöße zu geben sagte sie zu Saina: „Das war es, was ich Ihnen sagen wollte, daß Sie den Pferdeapfel vergessen haben, aber Sie sind ja noch selber darauf gekommen."
Für Sarah gab es nun keinen Grund mehr noch länger bei ihrer Nachbarin zu bleiben. Deshalb bat sie Saina, unter dem Vorwand noch etwas dringendes erledigen zu müssen, sich verabschieden zu dürfen. Obwohl Saina natürlich genau wußte, wieso ihre Nachbarin sie so Hals über Kopf verlassen wollte, gab sie vor, daß es ihr leid täte, daß sie schon gehen müsse und begleitete sie bis an die Haustür.

Sarah machte sich indes so schnell, wie sie konnte auf den Weg zu ihrem Mann. „Mullah Walli", rief sie schon im Hof. Als Mullah sie erblickte, war sie so außer Atem, dass er sich Sorgen um sie machte und fragte: „Was ist los mit dir, um Allahs Willen? Ist deiner Mutter was geschhen?"
Sarah, die Mullahs Anspielungen auf ihre Mutter nicht leiden konnte, entgegnete: „Du weißt, meiner Mutter würde nichts geschehen, ehe sie deinen Kafan, das weiße Leichentuch, in das die Moslems ihre Toten vor der Beerdigung wickeln, nicht genäht hat." Dann fügte sie hinzu: „Ich wollte eigentlich sagen, daß du deine Schwester zum Abendessen einladen sollst. Ich kenne nämlich das Rezept dieses Reisgerichtes, von dem du so geschwärmt hast. Es geht eigentlich ganz einfach, aber diese Nachbarin hat damit vor dir angegeben, als hätte sie das Horn eines Nashorns gebrochen, und du alter Esel, in deiner

Einfältigkeit, hast dich blenden lassen." Mit einer stolzen Bewegung drehte sie sich um, und Mullah Walli konnte noch hören, wie sie sagte: „Ich werde euch einen Reis kochen, nach dem ihr euch alle zehn Finger lecken werdet. Beim Verlassen des Raumes rief sie noch: „Vergiss nicht, bei der Bäckerei ein paar frische Fladenbrote zu besorgen." Mullah dachte nur bei sich: „Jetzt ist sie wohl vollkommen von Dschinies besessen", und ging kopfschüttelnd wieder an die Arbeit. Kurz vor Sonnenuntergang schloss er seinen Laden und eilte zu seiner Schwester, um sie und ihre Familie gleich für diesen Abend zum Essen einzuladen. Anschließend ging er nach Hause, wo er seine Frau mit den Vorbereitungen beschäftigt sah und sie seine Begrüßung kaum bemerkte. Einige Zeit später erschien auch Mullah Wallis Schwester mit ihrer Familie. Schnell wurde die Sofreh auf dem Boden ausgebreitet und mit den schönsten emaillierten Tellern und Schüsseln gedeckt. Jetzt konnten die Speisen aufgetragen werden. Zuerst reichte Sarah frische Kräuter und duftendes Fladenbrot. Anschließend füllte sie die Schüsseln mit der aromatisch duftenden Kräutersoße. Zu guter Letzt trug sie mit einem geheimnisvollen Lächeln einen großen Topf ins Wohnzimmer. „Ich wollte den Reis direkt an der Sofreh servieren, damit er sein duftiges Aroma nicht verliert", sagte sie, worauf Mullah Walli ihr gierig seinen Teller entgegen streckte, um seinen Anteil in Empfang zu nehmen. Aber in dem Moment, als Sarah den Deckel vom Topf nahm, erfüllte sich der Raum mit einem unangenehmen, durchdringenden Gestank, der so stark war, daß Mullah Walli fast der Atem wegblieb. Sofort war allen klar, woher dieser Gestank kam. Mullah Walli wurde wütend und fragte mit zusammen gezogenem Gesicht: „Schon wie du mich in meinem Laden besucht hast, und ich auch noch meine Schwester mitbringen sollte, war überraschender, als wenn der Todesengel Izrail mir die Seele weg schnappen wollte. Und dann wird uns so ein Reis serviert, von dem nicht mal eine Hyäne einen Bissen essen könnte. Was ist mit dir los?" Sarah brach in Tränen aus und schrie ihren Mann an: „Du bist doch der Schuldige. Du hast doch so von dem Reisgericht der Nachbarin geschwärmt, und jetzt gibst du mir auch noch die Schuld. Das ist doch das selbe Rezept, nach dem auch sie ihren Reis zubereitet, und ich habe alles genau so gemacht, wie sie es mir erklärt hat."

Terrassendurchgang Im Torpalast Ali Qâpu am Meidân-e Imam in Isfahan.

Mullah Walli wurde knallrot im Gesicht. Nicht nur, daß er großen Hunger verspürte, was ihn immer reizbar machte, er war sichtlich erbost darüber, daß die Nachbarin sich einen solch – im wahrsten Sinne – geschmacklosen Spaß erlaubt hatte. Fluchend stand er auf und machte sich sofort auf den Weg zum Nachbarhaus. Mit großer Wucht klopfte er solange an die Tür, bis Kamran verwundert öffnete. Als dieser ihn nach seiner Aufregung fragte, gab Mullah Walli zur Antwort: „Es ist nicht sittlich, dass man sich unter Nachbarn solche Geschmacklosigkeiten erlaubt", und schilderte ihm in aller Eile, was vorgefallen war. Als Kamran seine Frau Saina rief, um zu hören, was sie zu Wallis vorwürfen zu sagen habe, bestätigte sie, daß Sarah heute bei ihr gewesen war, und sie zusammen gekocht haben. Mulla Walli zeigte mit dem Finger auf Saina und rief: „Aha..! Sie geben also zu, dass sie ihr dieses Reisgericht beigebracht haben!" „Nein", antwortete Sarah. Und sprach weiter: „Ich habe ihr überhaupt nichts beibringen können, denn sie hat bereits alles gewusst." Darauf hin drehte sie sich um, und ging mit erhobenem Haupt ins Haus zurück. Kamran verabschiedete sich höflich aber knapp von Mullah Walli und schloss die Tür vor seiner Nase.

سبزی پلو با ماهی

Sabzi Polo bá Máhi
Gedämpfter Kräuterreis mit Fisch

Genauso wie die vielen Deutschen, die sich auf die Weihnachtsgans freuen, freuen sich auch viele Perser beim persischen Neujahrsfest Nouruz auf dieses Essen. Die frischen Kräuter zeigen an, daß der Frühling bald wieder beginnt. Um dieses Gericht noch frühlingshafter zu machen, kann man Kukusabzi (siehe Seite 52) als zusätzliche Beilage dazunehmen.

Die Zubereitung des Kräuterreises:

Ca. 2 Liter Wasser in einen mittelgroßen Topf mit 3–4 Liter Volumen gießen und zum Kochen bringen. Den Reis 2–3 mal mit lauwarmem Wasser waschen. Sobald das Wasser kocht, den Reis zusammen mit 3 TL Salz dazu schütten.
Bei niedriger Temperatur 7–8 Minuten köcheln lassen. Bei zu hoher Kochtemperatur schäumt das Wasser über. Immer wieder ein paar Reiskörner probieren. Der Reis darf auf keinen Fall zu weich gekocht werden, die Körner sollten noch etwas Biß haben.
Die fein gehackten Kräuter hineingeben und unterrühren.
Schnell, aber vorsichtig die Reis-Kräutermischung in ein Sieb umschütten, und mit kaltem Wasser abschrecken und abtropfen lassen.
Den Reistopf gründlich waschen und so viel Öl hinein gießen, bis der Boden mit einer 2 mm dicken Schicht bedeckt ist.
Den Reis in kleinen Portionen in den Topf schütten. Am besten nur in die Mitte des Topfes, in der Form eines Kegels.
Mit dem Griff eines langen Holzlöffels mehrere Löcher bis zum Topfboden in den Reis stechen und die Knoblauchstücke hineinstecken.

>>>

Die Zutaten für 5 – 6 Personen:

Kräuterreis:

500 g	Basmatireis
100 g	frischer Dill, fein gehackt
100 g	frischer Koriander, fein gehackt
100 g	frische Petersilie, fein gehackt
100 g	frischer Schnittlauch, fein gehackt
2	Knoblauchzehen, geschält und längs halbiert

Sie können die Kräutermischung auch fertig, in getrockneter Form in persischen Geschäften bekommen. Doch wenn Sie einen intensiveren Geschmack und mehr Aroma wünschen, empfehlen wir Ihnen, frische Kräuter zu verwenden.

1/3 TL	Safran, fein gemahlen
50 g	Butter
	Öl
	Salz

Fisch:

800 g	Fischfilet, Viktoriabarsch, Rotbarsch, oder Seelachs
1,5 TL	Kurkuma
1,5 TL	Curry
1 TL	edelsüßes Paprikapulver
150 g	Mehl
6 EL	Semmelbrösel
	Salz und Pfeffer
	Öl

Danach ein sauberes Küchentuch nehmen, den Topfdeckel damit umwickeln und auf den Topf setzen. Bei niedriger Kochtemperatur soll unser Reis 70–80 Minuten dämpfen.
Den gemahlenen Safran und die Butter in eine große Tasse geben und mit 50 ml heißem Wasser übergießen. Zugedeckt einige Minuten ziehen lassen. Wenn der Reis fertig ist, 10–12 EL davon in einer Schüssel mit dem Safran mischen.
Der Rest des Reises kommt auf eine große Servierplatte und wird mit dem Safranreis bestreut.
Die knusprige Unterschicht des Reises servieren Sie auf einem extra Teller.

Die Zubereitung des Fisches:

In der Zwischenzeit, wenn der Reis dämpft, mit der Zubereitung des Fisches beginnen.
Mehl, Gewürze und Semmelbrösel sorgfältig zusammen mischen. Die Fischfilets mit kaltem Wasser waschen und abtrocknen. Die Filets von allen Seiten gleichmäßig panieren.
So viel Öl in eine Pfanne gießen, bis eine 5mm dicke Schicht entsteht. Heiß werden lassen und die Fischfilets von beiden Seiten goldbraun und knusprig anbraten. Vorsichtig herausnehmen und in einer Kasserolle, bei ca. 80°C, im Backofen warmhalten, bis der Reis fertig ist.

Wenn Sie Kukusabzi als Beilage nehmen, bereiten Sie diesen jetzt zu (siehe Seite 52) und halten ihn ebenfalls im Backofen warm.

Ein altes persisches Sprichwort sagt: „Ob ein Jahr gut oder schlecht wird, sieht man an dessen Frühling."
Ich denke, mit dieser delikaten Komposition haben Sie für einen guten Anfang gesorgt.

Nush–e Djan; Guten Appetit

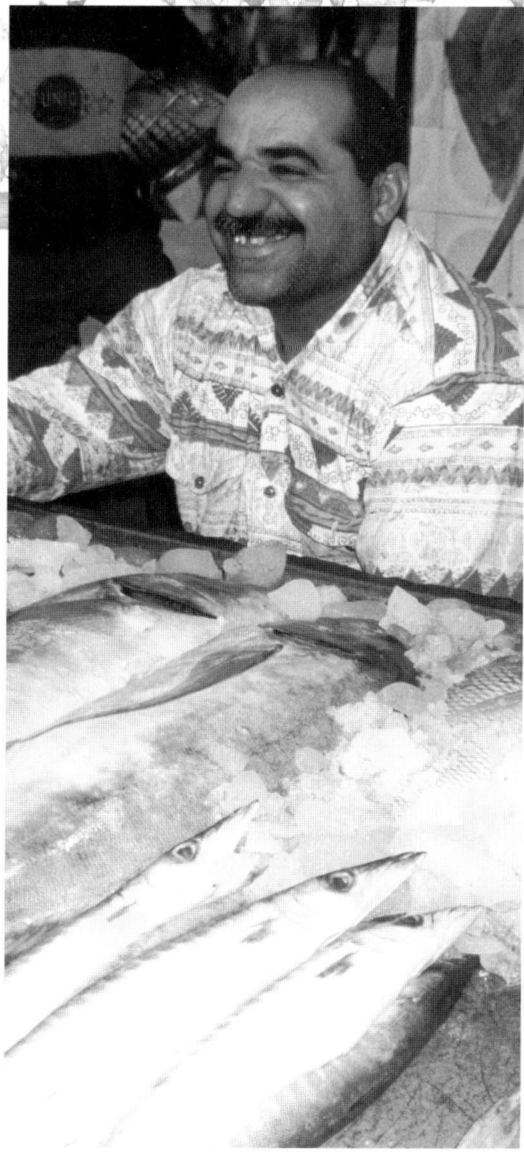

Auf dem Markt von Ábádán: Fisch vom persischen Golf.

خورش میگو

Khoresh-e Meigu

Geschmorte Garnelen in Tomatensauce

Die Zubereitung:

In eine große Pfanne so viel Olivenöl gießen, bis der Boden bedeckt ist. Die Zwiebeln goldbraun anbraten. Danach die sauber gewaschenen und abgetropften Garnelen, den fein gehackten Knoblauch und den Koriander in die Pfanne geben. Nach 4–5 Minuten die Gewürze hinzufügen.
Eine halbe Minute später die gewürfelten Tomaten und das Tomatenmark dazugeben. Salz und Pfeffer bitte nicht vergessen und ganz behutsam umrühren.
Zugedeckt etwa 50–60 Minuten bei geringer Kochtemperatur schmoren lassen.

Wenn Sie das Gericht als Vorspeise essen wollen, empfehlen wir Ihnen als Beilage frisches Fladenbrot und als Hauptspeise am besten mit „königlichem Safranreis“ (entspricht „Sereshk Polo“ ohne Verwendung von Berberitzen, siehe Seite 66).

Nush–e Dján; Guten Appetit

Die Zutaten für 4 – 6 Personen:

400 g	Garnelen, ohne Kopf und Schale
150 g	Zwiebeln, fein gewürfelt
3	Knoblauchzehen, fein gehackt
100 g	frischer Koriander, fein gehackt
500 g	frische Tomaten, geschält und gewürfelt.
1 EL	Tomatenmark
1 TL	Curry
1 TL	Kurkuma
1 TL	edelsüßes Paprikapulver
	Olivenöl
	Salz und Pfeffer

میگو پلو

Meigu Polo
Reis mit Garnelen

**Die Zutaten
für 4 – 6 Personen:**

500 g	Garnelen geschält und geputzt
200 g	Zwiebeln, in feine Ringe geschnitten
3	Knoblauchzehen, geschält und fein gewürfelt
2 EL	kernlose Rosinen
500 g	Basmatireis
50 g	Tamarindenpaste, in 150 ml warmes Wasser einlegen, kneten und danach durch ein Sieb passieren und in eine Schüssel gießen
Je 50 g	frischen Koriander, Petersilie, Dill, fein gehackt
1/3 TL	Safran, gemahlen
1,5 TL	Kurkuma
1,5 TL	Curry
	Salz und Pfeffer
	Öl

Die Zubereitung:

So viel Öl in eine Pfanne gießen, bis der Boden ganz bedeckt ist. Die Zwiebelringe goldbraun anbraten und die Garnelen und Knoblauchstücke dazugeben. Nach 3 Minuten Curry, Kurkuma, Rosinen und die Kräuter darüber streuen. Unter ständigem Umrühren die Gewürze ca. eine halbe Minute mit anbraten.
Jetzt alles mit der wie oben beschriebenen Tamarindenlösung ablöschen. Mit Salz und Pfeffer abschmecken und zugedeckt 15 – 20 Minuten köcheln lassen.

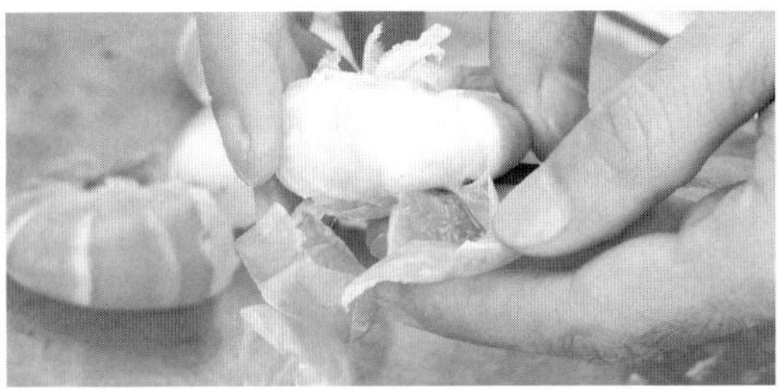

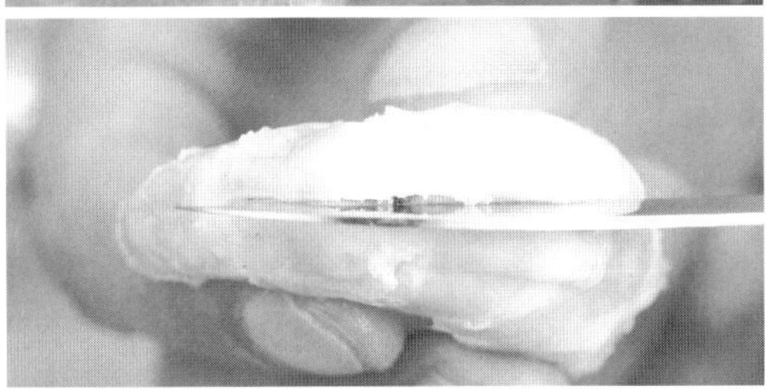

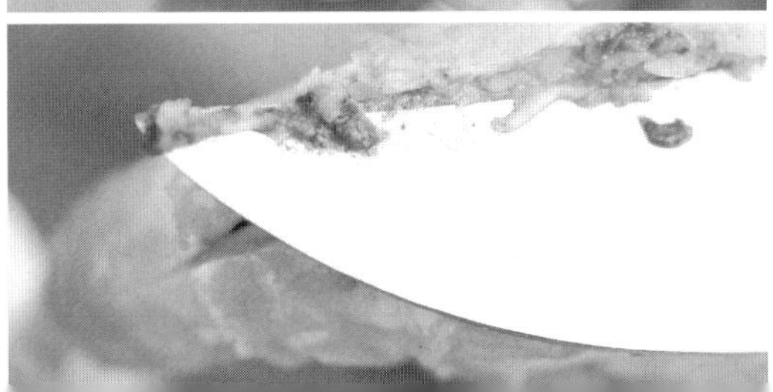

In einen mittelgroßen Topf mit 3 – 4 Liter Volumen ca. 2 Liter Wasser gießen und zum Kochen bringen. Den Reis 2 – 3 mal mit lauwarmem Wasser waschen. Sobald das Wasser kocht, den Reis zusammen mit 3 TL Salz dazuschütten.
Bei niedriger Temperatur köcheln lassen. Bei zu hoher Kochtemperatur schäumt das Wasser über. Dieses Köcheln sollte 7 – 8 Minuten dauern. Immer wieder ein paar Reiskörner probieren. Der Reis darf auf keinen Fall zu weich gekocht werden, die Körner sollten noch etwas Biß haben. Schnell aber vorsichtig den Reis in ein Sieb umschütten, mit kaltem Wasser abschrecken und abtropfen lassen.

Inzwischen den Deckel von der Pfanne nehmen und alles weiter köcheln lassen, damit die Sauce mehr Flüssigkeit verliert und dicker wird.
Jetzt sollten Sie einmal probieren, um sich ein bißchen zu belohnen. Dabei können Sie auch gleich abschmecken, ob die Sauce eventuell nachzuwürzen ist.

Dann kann es weiter gehen:
Den gleichen Reistopf gründlich waschen und so viel Öl hineingießen, bis der Boden mit einer 2 mm dicken Schicht bedeckt ist. Die Hälfte des Reises in kleinen Portionen in den Topf schütten. Am besten nur in die Mitte des Topfes, in der Form eines Kegels. Jetzt die Hälfte der Garnelenmischung darauf verteilen. Diese Prozedur mit dem Reis und dem Rest der Garnelen ein zweites Mal wiederholen.
Es ist notwendig, mit dem Griff eines langen Holzlöffels mehrere Löcher bis zum Topfboden in den Reis zu stechen, dadurch verteilen sich Hitze und Dampf besser.

Danach ein sauberes Küchentuch nehmen, den Topfdeckel damit umwickeln und auf den Topf setzen. Bei niedriger Kochtemperatur soll unser Reis 70–80 Minuten dämpfen.
Den gemahlenen Safran und die Butter in eine große Tasse geben, und mit 50 ml heißem Wasser übergießen. Zugedeckt einige Minuten ziehen lassen. Wenn der Reis fertig ist, 10–12 EL davon in einer Schüssel mit dem Safran mischen. Der Rest des Reises wird auf einer großen Servierplatte angerichtet und mit dem Safranreis bestreut.
Die knusprige Unterschicht des Reises servieren Sie auf einem extra Teller.

Von Ferne gratulieren wir Ihnen zu diesem gelungenen Gericht – und unsere Wünsche begleiten Sie und Ihre Gäste beim Genießen.

Nush–e Dján; Guten Appetit

خورش ماهی

Koresch-e Máhi
Fischfilet in Kartoffeln, Paprika, und Tomaten Sauce

Die Zubereitung:

So viel Öl in einen mittelgroßen Topf geben, bis der Topfboden bedeckt ist. Zuerst die Zwiebeln goldbraun anbraten. Dann Kurkuma, Curry, Paprikapulver, Knoblauch, Safran, den gehackten Koriander und die Petersilie dazugeben. Alles kurz anbraten, das Tomatenmark und die Tomatenstücke hinzufügen.
Jetzt die Kartoffeln dazugeben und mit 100 ml Wasser ablöschen. Zugedeckt köcheln lassen.
Nach 20 Minuten die Fischfilets und die Paprikastücke in die Sauce geben. Noch weitere 30 Minuten köcheln lassen.
Vorsicht: Die Zutaten dürfen nicht zu weich gekocht werden. Vor allem vorsichtig umrühren, da die Fischfiletstücke nicht zerkleinert werden sollen. Wenn man etwas mehr Sauce haben möchte, kann noch 80 ml Wasser dazugegeben werden.

Als Beilage empfehle ich Ihnen „königlichen Safranreis" (entspricht „Sereshk Polo" ohne Verwendung von Berberitzen, siehe Seite 66).

Diese Rezeptbeschreibung ist im Vergleich zu anderen Rezepten vielleicht etwas zu kurz, aber die Wirkung des Gerichtes ist großartig.

Nushe-e Dján; Guten Appetit

>>> **Safran** *wird aus den getrockneten Blütennarben des Safran-Krokus gewonnen. Dieser Krokus stammt aus dem östlichen Mittelmeerraum und Kleinasien. Während der rund zweiwöchigen Blütezeit im Herbst werden die violetten Blüten von Hand gepflückt. Jede Blüte enthält drei rote Blütennarben, die herausgezupft und getrocknet werden. Ca. 150.000 Blüten müssen geerntet werden um 1 kg Safran zu erhalten.*

Die Zutaten für 4 – 6 Personen:

600 g	Fischfilet, Thunfisch, Rotbarsch oder Viktoriabarsch, in große Stücke geschnitten
400 g	Kartoffeln, geschält und geviertelt
2	rote Paprika, entkernt, geviertelt und von den Scheidewänden getrennt
100 g	frischer Koriander, gewaschen und gehackt
100 g	frische Petersilie, gewaschen und gehackt
2	Knoblauchzehen, geschält und gehackt
3	Schalotten, geschält und gehackt
4	Tomaten, geschält und geviertelt
2 EL	Tomatenmark
1 TL	edelsüßes Paprikapulver
1 TL	Kurkuma
1,5 TL	Curry
1/4 TL	perischer Safran, fein gemahlen
2 EL	Limonensaft
	Salz und Pfeffer
	Olivenöl

لخلخ بوشهری

Lakhlákh-e Bushehri

Gedämpfter Reis mit Fisch auf südpersische Art

Die Zutaten für 4 – 6 Personen:

1 kg	Rotbarsch, geputzt und entschuppt
150 g	Zwiebel, in dünne Ringe geschnitten
3	Knoblauchzehen, gewürfelt
2	Limo Amani, persische getrocknete Limonen. Aufbrechen um die Schale und die Kerne zu entfernen, nur das dunkle Fruchtfleisch benutzen
200 g	Frühlingszwiebeln, in kleine Stücke geschnitten
2	rote Peperoni, in dünne Ringe geschnitten
1,5 TL	Curry
1 TL	Kurkuma
100 g	frischer Dill, fein gehackt
20 g	frischer Ingwer, geschält und in sehr dünne Streifen geschnitten
40 g	Rosinen, nur, wenn man Rosinen mag. Ich kann es aber empfehlen
500 g	Basmatireis
0,5 TL	Safran
	Öl
	Salz und Pfeffer

Die Zubereitung:

Den Fisch in ca. 400 ml kochendes Wasser legen. Mit Salz und Pfeffer abschmecken, und 10–15 Minuten köcheln lassen. Das Fleisch muss sich leicht von den Gräten ablösen, aber bitte nicht zerkochen. Den Fisch vorsichtig herausnehmen, und auf einen großen Teller zum Abkühlen legen. Eine halbe Tasse der Fischbrühe aufbewahren.

Inzwischen können Sie mit der Zubereitung des Reises beginnen.
Einen mittelgroßen Topf mit 3–4 Liter Volumen, mit ca. 1,5 Liter Wasser zum Kochen bringen.
Den Reis 3 mal mit lauwarmem Wasser waschen.
Sobald das Wasser zu kochen beginnt, den Reis hineinschütten und 3 TL Salz dazugeben. Bei niedriger Kochtemperatur 7–8 Minuten köcheln lassen. Immer wieder ein paar Reiskörner probieren. Diese sollten „al dente" sein und dürfen auf keinen Fall zu weich gekocht werden.
Den Reis in einen Sieb schütten, mit kaltem Wasser abschrecken und abtropfen lassen.

Bevor unser Fisch sich vernachlässigt fühlt, schenken wir ihm wieder unsere Aufmerksamkeit und machen ihn mit unseren köstlichen Gewürzen bekannt.
Ganz sanft das Fleisch von den Gräten trennen, und auf einen anderen Teller legen.
So viel Öl in eine Pfanne gießen, bis der Boden ganz bedeckt ist und die Zwiebelringe goldbraun anbraten.
Die Ingwerstreifen, Knoblauchstücke und wenn man möchte die Rosinen dazugeben und ebenso goldbraun anbraten. Jetzt das Curry, Kurkuma und Limo Amani darüber streuen. Unter ständigem Umrühren 20 Sekunden anbraten.
Mit einer halben Tasse der Fischbrühe ablöschen und die Fischstücke dazugeben.
Mit Salz und Pfeffer abschmecken.
Nach einigen Minuten alles vorsichtig wenden und nochmals 3 Minuten weiterbraten.

Jetzt können Sie mit der wunderbaren Reis–Fisch-Mischung beginnen.

Den Reistopf gründlich waschen und so viel Öl hineingießen, bis der Boden mit einer 2 mm dicken Schicht bedeckt ist.
Die Hälfte des Reises in kleinen Portionen hineinschütten. Am besten nur in die Mitte des Topfes, in der Form eines Kegels.

Jetzt die Hälfte des Fisches und des Dills darauf verteilen, dann die zweite Hälfte Reis und nochmals Fisch und Dill.
Mit dem Griff eines langen Holzlöffels mehrere Löcher in den Reis stechen. Dadurch verteilen sich Hitze und Dampf besser.

Mit einem sauberen Küchentuch den Topfdeckel umwickeln. Den Reis so zugedeckt bei niedriger Temperatur 70 – 80 Minuten lang dämpfen lassen.
Zehn Minuten vor dem Servieren die Frühlingszwiebeln und die roten Peperoni anbraten.
Den Safran in einem Mörser mahlen und in einer großen Tasse mit 50 ml heißem Wasser übergießen, zudecken, und einige Minuten ziehen lassen.
Wenn der Reis fertig ist, 10 – 12 EL davon in einer Schüssel mit dem Safran mischen. Den Rest des Reises auf einem großen Tablett anrichten und mit dem Safranreis bestreuen. Danach alles mit den gebratenen Frühlingszwiebeln und roten Peperoni garnieren.
Die knusprige Unterschicht des Reises auf einem extra Teller servieren.

Der Name dieser Spezialität stammt von dem arabischen Wort „Lakhlakheh“, das so viel wie „Der Duftende“ bedeutet.
Wenn Sie mir oder den Arabern nicht glauben, dann probieren Sie es selbst.

Nush – e Dján; Guten Appetit

قابلی افغانی

Ghábeli Afgháni

Gedämpfter Reis mit Karotten und Hähnchen

(Afghanische Spezialität)

Diese Köstlichkeit habe ich bei der Hochzeit eines guten afghanischen Freundes zum ersten Mal probiert und wie man sagt: „Das war Liebe auf den ersten Biß...!"
Auch mein Bruder Babak hat mit großer Euphorie von diesem Gericht gesprochen und mich angeregt das Rezept in diesem Buch zu erwähnen. Was uns noch mehr dazu drängt dieses Rezept in ein persisches Kochbuch aufzunehmen, ist die tiefe nationale und traditionelle Verbundenheit zwischen den beiden Ländern.
Ich hoffe unseren afghanischen Freunden damit eine kleine Freude zu machen.

Die Zubereitung:

So viel Öl in einen Pfanne gießen, bis der Boden bedeckt ist. Die Hähnchenteile von allen Seiten anbraten und wieder herausnehmen.
Die Zwiebelwürfel im gleichen Öl goldbraun anbraten. Nun die Hähnchenteile nochmals in die Pfanne zu den Zwiebeln geben und alles mit Curry und Kurkuma bestreuen. Alles eine halbe Minute weiterbraten und mit 100 ml Wasser ablöschen. Die Karottenstreifen und Rosinen dazugeben, und mit Salz und Pfeffer abschmek-ken. Zugedeckt ca. 25 Minuten schmoren lassen. Die letzten 5 Minuten den Deckel abnehmen, um mehr Wasser verdampfen zu lassen.

>>>

Die Zutaten für 4 – 6 Personen:

1	Hähnchen, 1200 g, in 8 Teile geschnitten
500 g	Basmatireis
400 g	Karotten, in feine Streifen geschnitten, oder grob geraspelt
200 g	kernlose Rosinen
150 g	Zwiebeln, geschält und fein gewürfelt
1,5 TL	Curry
1,5 TL	Kurkuma
1 TL	Zimtpulver
	Salz und Pfeffer
	Öl

Und nun zum Reis:

In einen mittelgroßen Topf mit 3–4 Liter Volumen ca. 2 Liter Wasser gießen und zum Kochen bringen. Den Reis 2–3 mal mit lauwarmem Wasser waschen. Sobald das Wasser kocht, den Reis zusammen mit 3 TL Salz dazuschütten. Bei niedriger Temperatur 7–8 Minuten köcheln lassen. Bei zu hoher Kochtemperatur schäumt das Wasser über.
Immer wieder ein paar Reiskörner probieren.
Der Reis darf auf keinen Fall zu weich gekocht werden, die Körner sollten noch etwas Biß haben.
Schnell aber vorsichtig den Reis in ein Sieb umschütten, mit kaltem Wasser abschrecken und abtropfen lassen.
Den gleichen Reistopf gründlich waschen und so viel Öl hineingießen, bis der Boden mit einer 2 mm dicken Schicht bedeckt ist. Nun die Hälfte des Reises in kleinen Portionen in den Topf schütten. Am besten nur in die Mitte des Topfes, in der Form eines Kegels.

Jetzt schichten Sie die Hälfte der Hähnchen–Karotten–Mischung auf den Reis und streuen 0,5 TL Zimtpulver darüber. Mit der zweiten Hälfte der Hähnchen-Karotten-Mischung genauso verfahren.
Es ist notwendig, mit dem Griff eines langen Holzlöffels mehrere Löcher bis zum Topfboden in den Reis zu stechen, dadurch verteilen sich Hitze und Dampf besser.

Danach den Topfdeckel mit einem sauberen Küchentuch umwickeln, und auf den Topf setzen. Bei niedriger Kochtemperatur soll unser Reis 70–80 Minuten dämpfen.

Nush–e Dján; Guten Appetit

خورش فسنجان با پسته و بادام

Koresh-e Fesendján bá Pesteh wa Bádám

Geschmortes Hähnchen in Granatapfelmark mit gemahlenen Pistazien und Mandeln

Viele meiner Landsleute kennen dieses Gericht als eines der Köstlichsten überhaupt. Selbst an den Höfen persischer Könige durfte es nicht fehlen.
Es wird meistens mit Walnußkernen zubereitet, aber man kann es auch sehr wohl mit Pistazien und Mandeln abwandeln, um eine gaumenfreudige Abwechslung zu erhalten.
Übrigens: Diese Speise sollten Sie während der Herbst- oder Winterzeit zubereiten.

Die Zubereitung:

Die Hähnchenteile in eine feuerfeste Form legen, mit etwas Salz und Pfeffer bestreuen und bei geschlossenem Deckel ca. 60–65 Minuten bei 200° C im Ofen schmoren. Danach das Hähnchen aus dem Backofen nehmen und abkühlen lassen und nach einer Stunde das Fleisch von den Knochen trennen.

Nun so viel Öl in einen Topf gießen, daß der Boden bedeckt ist, und die Zwiebelwürfel darin goldbraun anbraten. Die gemahlenen Pistazien und Mandeln und die Gewürze hinzufügen und unter ständigem Umrühren 1 Minute anbraten. Jetzt geben Sie das Hähnchenfleisch, Granatapfelmark und Tomatenmark dazu und löschen alles mit 650 ml Wasser ab. Umrühren, auf niedrigste Stufe stellen und alles 1,5–2 Stunden ganz langsam köcheln lassen. Auch jetzt noch alle 15 Minuten umrühren, da sonst die untere Schicht anbrennt und alles einen bitteren Geschmack bekommt. Nach einer Weile werden Sie sehen, daß sich eine dicke Ölschicht über der Sauce bildet.
Wenn Sie es nicht so fett mögen, können Sie sie abschöpfen. Das abgeschöpfte Öl aufheben, da Sie es für Reisgerichte in kleinen Mengen immer wieder, als eine Art Geschmacksverstärker verwenden können.
Als Beilage empfehle ich Ihnen „königlichen Safranreis" (entspricht „Sereshk Polo" ohne Verwendung von Berberitzen, siehe Seite 66).

Sicherlich werden Sie nach dem Essen eine angenehme innere Wärme verspüren. Aus diesem Grund wird dieses Gericht manchmal als Aphrodisiakum bezeichnet. Ein willkommenes Geschenk für Liebespaare und solche, die es werden wollen.

Nush–e Dján; Guten Appetit

Die Zutaten für 6 Personen:

1	bratfertiges Hähnchen, 1200 g, in vier Teile schneiden. Oder stattdessen eine Ente nehmen, wenn Sie das lieber mögen.
100 g	Zwiebel, geschält und fein gewürfelt
200 g	Pistazienkerne, geschält und im Mixer fein gemahlen
200 g	Mandeln, geschält und im Mixer fein gemahlen
1,5 EL	Zucker
1,5 TL	Curry
1 TL	Kurkuma
1 EL	Tomatenmark, nach Belieben
150 g	Granatapfelmark, in jedem persischen Laden erhältlich
	Salz und Pfeffer
	Öl

مرغ تنوری و کاری پلو

Morgh-e Tanuri bá Kári Polo

Gebratenes Huhn mit Curryreis

Die Zubereitung der Füllung:

Als Erstes beginnen Sie mit der Zubereitung der Füllung: In 4 EL Öl die Schalotten und Ingwerstreifen goldbraun anbraten. Die Rosinen, das Limonenfruchtfleisch, die Knoblauchstücke, das Curry, den Zimt, Salz und Pfeffer dazugeben, und alles eine halbe Minute unter ständigem Umrühren anbraten. Anschließend vom Herd nehmen und zur Seite stellen.

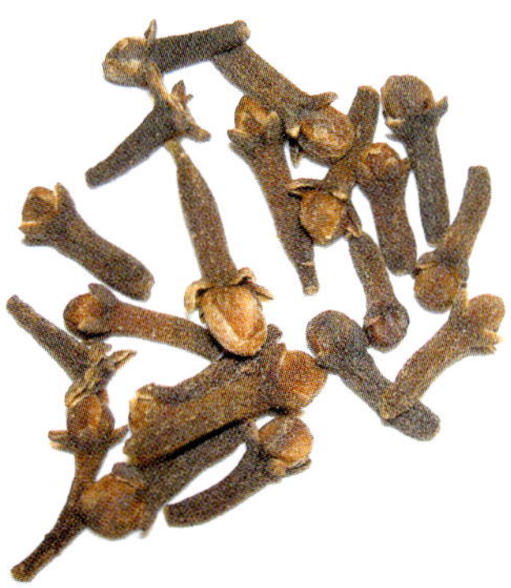

Die Zubereitung des Huhns:

Das Huhn freut sich bestimmt auf diese Füllung. Deshalb wollen wir es nicht lange warten lassen. Das Huhn, vor allem die Innenseite, gründlich waschen und abtupfen. So viel von der Füllung hineingeben, daß sich ohne große Mühe die Bauchhaut wieder schließen bzw. zunähen läßt. Die Beine und Flügel sollten auch zusammengebunden werden. Dadurch hält alles besser. Falls etwas von der Füllung übrig bleibt, für später aufheben.

Das Huhn zusammen mit den geviertelten Zwiebeln, der Zimtrinde, dem Sternanis und den Nelken, dem Salz und Pfeffer in einen Topf geben. So viel Wasser zugießen bis alles bedeckt ist. Bei niedriger Kochtemperatur 30–40 Minuten köcheln lassen, den entstandenen Schaum immer wieder abschöpfen.

Nun in einer kleinen Schüssel den Safran, die Butter, das Kurkuma, den Honig, das Galgantpulver und das Paprikapulver, mit 150–200 ml der Hühnerbrühe aufgießen. Falls nötig mit Salz und Pfeffer abschmecken und 10 Minuten ziehen lassen. Das Huhn in eine Backform legen und mit unserer phantastischen Brühe übergießen. Zugedeckt bei 140°–150° C 60 Minuten backen lassen.

Mit einem langen Löffel ab und zu etwas Brühe über das Huhn gießen.

>>>

Die Zutaten für 4 – 6 Personen:

Brathuhn:

1	bratfertiges Huhn ca. 1400 g
100 g	Zwiebel, geschält und geviertelt
1/3 TL	gemahlener Safran
1 EL	Honig
2 Stk.	Sternanis, zerkleinert
6 Stk.	Gewürznelken
2	Zimtstangen
1 TL	Kurkuma
1 TL	Curry
50 g	Butter
	Salz und Pfeffer

Die Füllung:

200 g	Schalotten, geschält und in Ringe geschnitten
1	Knoblauchzehe, geschält und gehackt
1 Stück	wallnußgroßer frischer Ingwer, geschält und in Streifen geschnitten
2	Limu Amani, getrocknete persische Limonen. Aufbrechen um die Schale und die Kerne zu entfernen, nur das dunkle Fruchtfleisch benutzen
5 EL	kernlose Rosinen
0,5 TL	Zimtpulver
1 TL	Curry
	Öl
	Salz und Pfeffer

Der Curryreis: >>>

Der Curryreis:

400–500 g	Basmatireis, 2–3 mal mit lauwarmem Wasser waschen
100 g	Pistazien, geschält und gehäutet
150 g	frischer Dill, geputzt und zerhackt
3 TL	Curry
1 TL	Kurkuma
3 TL	Salz
	Öl

Die Zubereitung des Curryreises:

Einen großen Topf, 3–4 Liter Volumen, zur Hälfte mit Wasser füllen und zum Kochen bringen.
Den gewaschenen Reis zusammen mit dem Salz und den Gewürzen in den Topf schütten und aufkochen lassen. Bei niedriger Kochtemperatur 7–8 Minuten köcheln lassen. Eine halbe Minute vor dem Ende der Garzeit, die Pistazienkerne und den Dill unterrühren und gut durchmischen.
Immer wieder von den Reiskörnern probieren. Sie sollten „al dente" sein und dürfen auf keinen Fall zu weich gekocht werden.
Schnell aber vorsichtig den Reis in ein Sieb umschütten, mit kaltem Wasser abschrecken und abtropfen lassen.
Dabei werden Sie auf angenehme Art überrascht, welch schöne Farbe Ihr Reis bekommen hat.
Noch etwas Geduld, Sie werden auch gleich den Geschmack probieren können.
Den Reistopf gründlich waschen, und so viel Öl hineingießen, bis der Boden mit einer 2 mm dicken Schicht bedeckt ist. Den Reis in kleinen Portionen in den Topf schütten. Am besten nur in die Mitte des Topfes, in der Form eines Kegels.
Es ist notwendig, mit dem Griff eines langen Holzlöffels mehrere Löcher bis zum Topfboden in den Reis zu stechen. Dadurch verteilen sich Hitze und Dampf besser.
Danach ein sauberes Küchentuch nehmen, den Topfdeckel damit umwickeln und auf den Topf setzen. Bei niedriger Kochtemperatur soll unser Reis 70–80 Minuten dämpfen.

Wichtig: Jetzt sollten Sie den Backofen einschalten, damit beide Speisen später gleichzeitig serviert werden können.

Zum Servieren ein großes, breites Tablett oder eine Platte nehmen. Den Reis umstürzen und die knusprige Unterschicht, auf persisch „Tah Dieg" genannt, rund um den Reis verteilen. Das Huhn nun auf dieses königliche Bett legen.
Die restliche Füllung nochmals erwärmen und auf das Huhn und den Reis streuen. Dabei können sie auch einige Mandeln verwenden.
Mit frischer Petersilie und Radieschen garnieren.

Der Anblick des Gerichtes gleicht fast einem Sonnenaufgang. Probieren Sie selbst, dann werden Sie merken, daß wir nicht übertreiben.

Nush–e Dján; Guten Appetit

خورش مرغ و سبزی

Koresh-e Morgh wa Sabzi
Huhn geschmort in Kräutersauce

Die Zutaten
für 4 – 6 Personen:

1	bratfertiges Hähnchen, 1200 g, in große Stücke geschnitten
3	Schalotten, geschält und gehackt
2	Knoblauchzehen
Jeweils 150 g	Petersilie, Dill, Koriander, Minze und Schnittlauch, geputzt und gehackt
200 g	gelbe Erbsen, 4 Stunden in Wasser einweichen
2	Eier
1 TL	Kurkuma
60 ml	Zitronensaft
100 ml	Pomeranzensaft, wenn Sie in persischen Läden „Ábe Nárendj" verlangen, müßten Sie den Pomeranzensaft bekommen.
	Salz und Pfeffer
	Öl

Die Zubereitung:

So viel Öl in einen mittelgroßen Topf geben, bis der Topfboden bedeckt ist. Die Hähnchenteile anbraten und anschließend heraus nehmen.
Die Zwiebel im selben Öl goldbraun anbraten.
Die Knoblauchzehen und die gehackten Kräuter hinzufügen und unter ständigem Rühren 5–8 Minuten anbraten.
Nun alles mit dem Zitronen- und Pomeranzensaft ablöschen. Die gelben Erbsen, die Huhnteile und das Kurkuma dazugeben und noch 150 ml Wasser hinzugießen. Mit Salz und Pfeffer abschmecken.
Nach dem ersten Aufkochen die Sauce 50–60 Minuten bei niedriger Temperatur köcheln lassen.
10 Minuten vor dem Servieren geben Sie die geschlagenen Eier dazu und rühren leicht um.
Als Beilage empfehle ich Ihnen Safranreis.

Bei dieser Spezialität werden Sie nicht nur lustig, sondern auch satt.
Als Beilage empfehle ich Ihnen „königlichen Safranreis" (entspricht „Sereshk Polo" ohne Verwendung von Berberitzen, siehe Seite 66).

Nush–e Dján; Guten Appetit

خورش مرغ و بادمجان و بامیه

Khoresh-e Morgh wa Bádemdján wa Bámieh

Geschmortes Huhn mit gebratenen Okrabohnen und Auberginen

Die Zubereitung:

Das Huhn waschen und abtrocknen. In einen großen Topf, in dem das Huhn genügend Spielraum hat, so viel Öl gießen bis der Topfboden bedeckt ist.
Das Huhn von allen Seiten gleichmäßig anbraten und herausnehmen. Die Zwiebelwürfel im gleichen Topf goldbraun anbraten. Ebenso den kleingehackten Knoblauch. Jetzt die Gewürze dazugeben und 20 Sekunden mitanbraten, anschließend die Tomatenwürfel, das Ghure und 150 ml Wasser hinzufügen, mit Salz und Pfeffer abschmecken und umrühren. Das Huhn wieder in den Topf geben und zugedeckt eine halbe Stunde köcheln. Das Huhn vorsichtig umdrehen und weitere 55–60 Minuten langsam köcheln lassen.
Währenddessen kümmern wir uns um die Gemüsebeilagen.

In einer großen und tiefen Pfanne, in reichlich Öl, die Auberginen von allen Seiten goldbraun anbraten und anschließend auf ein backofenfestes großes Tablett legen.
Die Okrabohnen, nachdem die Stiele abgeschnitten sind, 5 Minuten anbraten und zu den Auberginen legen. Ebenso mit den Tomatenscheiben verfahren. Alles mit ganz wenig Salz und Pfeffer abschmecken.
Das Gemüse mit einer Schöpfkelle der Perlhuhn-Tomatensauce übergießen. Den Backofen auf 100°–110° C einstellen und das Gemüse darin 20 Minuten garen.
Abschließend das Huhn drauflegen und alles mit der Sauce übergießen.

Als Beilage empfehle ich Ihnen „königlichen Safranreis" (entspricht „Sereshk Polo" ohne Verwendung von Berberitzen, siehe Seite 66) und eine Menge guter Freunde, mit denen Sie dieses Gericht teilen können.

Nush–e Dján; Guten Appetit

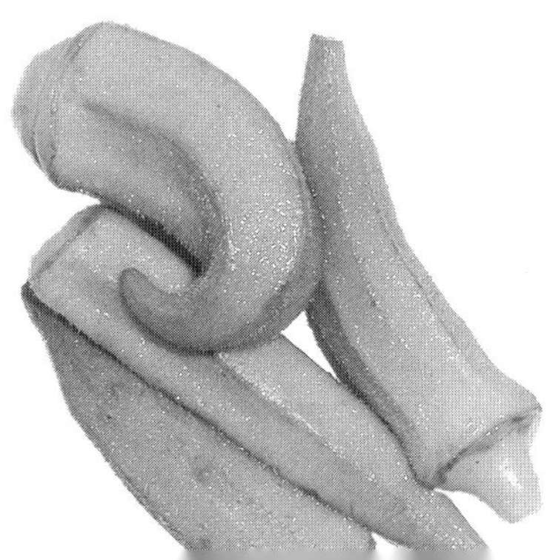

Die Zutaten für 6 – 8 Personen:

1500 g	Huhn; Sie können auch ein Perlhuhn verwenden.
1 kg	kleine Auberginen, geschält und mit Salz bestreut, in einem Sieb ca. 4 Stunden liegen lassen, danach abspülen und abtrocknen
1 kg	Okrabohnen, gründlich waschen und abtropfen lassen
1 kg	Strauchtomaten, geschält und zur Hälfte in Scheiben geschnitten, und die andere Hälfte gewürfelt
2 EL	Tomatenmark
3 EL	Ghure, eingelegte, unreife Trauben, wenn nicht vorhanden, grüne saure Mirabellen
100 g	Zwiebel, gewürfelt
2	Knoblauchzehen, kleingehackt
1,5 TL	Curry
1,5 TL	Kurkuma
0,5 TL	Zimt
	Öl
	Salz und Pfeffer

Kukuj-e Sabzi
Kräuteromelett

Die Zubereitung:

Die gehackten Kräuter miteinander vermischen. Auf einem großen Tablett oder einem Tuch ausbreiten und 3–4 Stunden an einem schattigen Platz an der frischen aber trockenen Luft stehen lassen. Dadurch verlieren die Kräuter überflüssigen Saft und Volumen.
Danach die Kräuter in eine große Schüssel geben. Das Mehl über die Kräuter streuen, zusammen mit den Gewürzen vermischen und kneten. Mit Salz und Pfeffer abschmecken.
In einer anderen Schüssel die ausgeschlagenen Eier verrühren und anschließend mit den Kräutern vermengen.

So viel Öl in eine große Pfanne gießen, bis eine ca. 2–3 mm dicke Ölschicht entsteht. Das Öl heiß werden lassen und etwa 2 EL von der Kräutermischung anbraten, um einen Vorgeschmack davon zu bekommen, und eventuell nachzuwürzen.
Danach geht es richtig los.
So viel von der Kräutermischung in die Pfanne geben, so daß eine ca. 3 cm dicke Schicht über die ganze Pfanne verteilt ist. Das Kuku mit einem breiten Holzlöffel, sanft zusammendrücken um eine bessere Form zu erhalten.
So lange braten, bis die überschüssige Flüssigkeit verdampft ist.
Das Kuku mit zwei großen flachen Holzlöffeln ganz vorsichtig umdrehen. Damit es Ihnen nicht zerfällt beim Wenden, können Sie das Kuku mit einem Holzlöffel kreuzförmig in vier gleich große Teile schneiden und diese einzeln umdrehen.
Alles bei niedriger Temperatur ein paar Minuten weiter braten lassen.

Kommen Sie ja nicht auf die Idee, Ihren Gästen diese Spezialität als Vorspeise anzubieten! Es könnte sonst sein, daß sie von dem Hauptgericht gar nicht mehr probieren möchten.

Nush–e Dján; Guten Appetit

Die Zutaten für 6 – 8 Personen:

300–400 g	Schnittlauch oder Frühlingszwiebeln
300–400 g	Petersilie
250 g	frischen Koriander
300 g	Spinat
150 g	Dill

Alle Kräuter geputzt und fein gehackt
Wichtig Insgesamt ca. 1,5 bis 2 kg von dieser Kräuterkombination.

7-8	Eier
2-3	EL Mehl
1,5 TL	Kurkuma
1 TL	edelsüßes Paprikapulver
1 TL	Curry
	Öl
1	TL Salz

Die große Menge der Kräuter darf Sie nicht täuschen. Deshalb bitte sehr vorsichtig und lieber mehrere Male nach dem Probieren salzen!
Auch mit dem Pfeffern aufpassen!

Nach belieben 1 TL Hausnatron verwenden, um die frische Farbe des Kuku zu erhalten und damit es nicht zu flach aussieht.

بورانی باقلا

Buráni-e Bághelá
Dicke Bohnen–Buráni

Die Zutaten für 4 – 6 Personen:

400 g	abgetropfter Joghurt
300 g	getrocknete dicke Bohnen
150 g	Zwiebel, in Ringe geschnitten
2	Knoblauchzehen, fein gehackt
1 TL	gemahlene Limu Amani, getrocknetes Limonen-Pulver
1 EL	gehackter frischer Dill
	Olivenöl
	Salz und Pfeffer

Die Zubereitung:

Die dicken Bohnen in ca. 1 Liter Wasser mit 2 TL Salz weich, aber immer noch etwas bißfest kochen. In einem Sieb mit kaltem Wasser abschrecken und abspülen.
Auf einem großen Teller wird die Hälfte der festen Joghurtmasse ausgebreitet, so daß eine dünne Schicht entsteht.
Die Bohnen und den Dill gleichmäßig darauf verteilen und den restlichen Joghurt als zweite Schicht dazugeben.
Die Zwiebelringe werden in Ölivenöl goldbraun angebraten, danach ebenfalls die kleingehackten Knoblauchzehen und gemahlenen Limu Amani mit anbraten.
Abschließend die Zwiebeln und den Knoblauch aus der Pfanne nehmen und gleichmäßig über unser Dicke Bohnen–Burani verteilen.

Eine einfach zubreitete, aber köstliche Spezialität.

Nush–e Ján; Guten Appetit

بورانی چهار رنگ

Buráni-e Cháhár Rang
Vier Farben Buráni

Zubereitung:

Die geschnittenen Auberginen einen Tag vorher in ein Sieb legen, mit 1 EL Salz bestreuen und das Sieb in eine Schüssel stellen. Die Auberginen verlieren dadurch den überflüssigen Saft bzw. den bitteren Geschmack.
Anschließend die Auberginenscheiben mit kaltem Wasser abspülen, auf ein sauberes Küchentuch nebeneinander legen und mit einem zweiten Tuch abtupfen.
In eine großflächige Pfanne so viel Olivenöl hineingießen, bis eine etwa 2–3 mm dicke Ölschicht entsteht.
Sobald die gewünschte Kochtemperatur erreicht ist, die Auberginenscheiben mit einer langen Gabel ins Öl legen und beidseitig goldbraun anbraten. Danach in einem großen Sieb abtropfen lassen.
Die Zucchinischeiben goldgelb anbraten. Danach zur Seite legen.
Die Paprika werden 45 Minuten im Backofen bei 140° C gebacken. Anschließend mit kaltem Wasser abschrecken, schälen, entkernen und in gleiche Teile vierteln.
Die Zwiebelringe goldbraun anbraten.

Die Hälfte des Joghurts auf einen großen Teller schütten und abwechselnd die Auberginen, Zucchini, Zwiebel und Paprika darauf ausbreiten. Mit dem restlichen Joghurt das Gemüse garnieren. Dabei sind Ihrer Phantasie keine Grenzen gesetzt. Die Kräuter zerhacken und darüber verteilen. Die Granatäpfel schälen und entkernen und anschließend auch darüber streuen. Achten sie bitte darauf, nur die Kerne zu verwenden. Nach Geschmack Salz und Pfeffer dazugeben.

Es wird Ihnen sicher schwer fallen, dieses Kunstwerk zu essen.

Nush–e Dján; Guten Appetit

Die Zutaten für 4 – 6 Personen:

400-500 g	Auberginen, geschält und längs in 5 mm dicke Scheiben geschnitten.
400-500 g	Zucchini, gewaschen und in runde 5 mm dicke Scheiben geschnitten
2	rote Paprika
1	gelbe Paprika
1	große Gemüsezwiebel, geschält und in Ringe geschnitten
100 g	glatte Petersilie
50 g	Basilikum
300 g	abgetropfter Joghurt
2	Granatäpfel
	Salz und Pfeffer

بورانی کدو بادمجان

Buráni-e Kadu-Bádemdján
Zucchini–Aubergine–Buráni

Die Zubereitung:

Die Auberginen längs schälen und in 5 mm dicke Scheiben schneiden. Die Zucchini gründlich waschen und ebenso in 5 mm dicke Scheiben schneiden. Es ist zu empfehlen, die Auberginen ein Tag vorher zu schneiden, in ein Sieb zu legen und mit 1 EL Salz bestreut, in das Waschbecken zu stellen. Dadurch verlieren sie den überflüssigen Saft bzw. den bitteren Geschmack.
Die Auberginenscheiben mit kaltem Wasser abspülen. Ein sauberes Küchentuch auf dem Küchentisch ausbreiten. Die Auberginenscheiben nebeneinander auf das Tuch legen und mit einem anderen Tuch von oben sanft auf die Auberginen drücken, um sie zu trocknen.
In eine großflächige Pfanne so viel Olivenöl gießen, bis eine etwa 2–3 mm dicke Ölschicht entsteht.
Wenn die gewünschte Hitze erreicht ist, mit einer langen Gabel die Auberginenscheiben ins Öl legen und beidseitig goldbraun braten. Danach zum Abtropfen in ein großes Sieb legen.

Danach werden die Zucchini goldbraun angebraten. Diese brauchen keine Sonderbehandlung bei der Vorbereitung wie die Auberginen.
Auf einem großen Teller die Hälfte des Joghurts ausbreiten und die Auberginen- und Zucchinischeiben darauf anordnen, sternförmig oder in einer anderen Form, je nach Ihrer Phantasie.
Die andere Hälfte des Joghurts in einer dünnen Schicht auf die Auberginen- Zucchinischeiben auftragen. Salz und Pfeffer dazugeben und kurz in Olivenöl goldbraun gebratenen Knoblauch und Zwiebelringe drüberstreuen.
Und Ihre wundervolle Vorspeise wartet brennend darauf, die Gaumen Ihrer Gäste zu verwöhnen.

Herrstellung des abgetropften Joghurts:

Ein sauberes Küchentuch über ein Sieb breiten und in eine Schüssel stellen. Den Joghurt in das Sieb schütten und 2–3 Stunden abtropfen lassen. Deshalb bitte 100–200 g mehr Joghurt besorgen, um die angegebene Menge zu erreichen.

Nush–e Dján; Guten Appetit

Die Zutaten für 4 – 6 Personen:

400 g	abgetropfter Joghurt
400–500 g	Auberginen
400–500 g	Zucchini
2	Knoblauchzehen, geschält und gehackt
100 g	Schalotten, in feine Ringe geschnitten
	Olivenöl
	Salz und Pfeffer

Landschaft in der Nähe von Masdjed Solaiman.

Auf einem Pass im Zagrosgebirge während der Fahrt von Izeh nach Isfahan.

قلیه کدو حلوایی

Ghalieh Kadu Halwái
Linsen–Kürbis Ghalieh

Die Zubereitung:

Die Linsen putzen und waschen und in einen Topf geben. Mit Wasser, bis 2 cm über den Linsen, aufgießen. Sobald es anfängt zu kochen, auf niedrigster Temperatur weich köcheln.
In eine Pfanne so viel Öl geben, bis der Boden bedeckt ist. Die Zwiebeln dazugeben und goldbraun anbraten.
Dann noch die Kürbiswürfel und nach einigem Umrühren die Gewürze und den Essig, oder den Granatapfelsirup dazugeben. Bei niedriger Temperatur 10–15 Minuten ziehen lassen.
Wenn Sie möchten, können Sie 1 EL braunen Zucker daruntermischen.
Wenn die Linsen weich sind, den Pfanneninhalt dazugeben und das Ganze nochmal ca. 20–30 Minuten köcheln lassen. Sollte die Masse zu dick werden, fügen Sie etwas Wasser hinzu und verrühren es.

Es gibt wenige Gerichte, die mit diesem konkurrieren können. Und natürlich finden Sie alle in diesem Kochbuch.

Nush–e Dján; Guten Appetit

Die Zutaten für 6 Personen:

400 g	Linsen
700 g	frischer Kürbis, geschält und in 1 cm große Würfel geschnitten
150 g	Zwiebeln, geschält und geschnitten
40 ml	Balsamico Essig, oder Sie können alternativ statt des Essigs
3 EL	Granatapfelmark, in 50 ml Wasser verdünnt verwenden
1 TL	Zimtpulver
1 TL	Kurkuma
1/3 TL	gemahlene Gewürznelken
	Öl
	Salz und Pfeffer

جواهر پلو

Djawáher Polo
Juwelen Polo

Diese Reiszubereitung verdient wahrhaftig diese Bezeichnung. Bei ihrem Anblick werden Sie den Eindruck bekommen, als hätten Sie ein Tablett voll mit kostbarsten Edelsteinen und Juwelen vor sich.
Was auch im wahrsten Sinne des Wortes diesen Wert hat – für Ihren Gaumen.

Die Zubreitung:

Einen mittelgroßen Topf mit 3–4 Liter Volumen, mit ca. 1,5 Liter Wasser zum Kochen bringen.
Den Reis 3 mal mit lauwarmem Wasser waschen.
Sobald das Wasser zu kochen beginnt, den Reis hineinschütten und 3 TL Salz dazugeben.
Bei niedriger Kochtemperatur 7–8 Minuten köcheln lassen. Immer wieder ein paar Reiskörner probieren. Diese sollten „al dente" sein und dürfen auf keinen Fall zu weich gekocht werden.
Den Reis in einen Sieb schütten, mit kaltem Wasser abspülen und abtropfen lassen.
Den Reistopf gründlich waschen und so viel Öl hineingießen, bis der Boden mit einer 2 mm dicken Schicht bedeckt ist.
Den Reis in kleine Portionen hineinschütten. Am besten nur in die Mitte des Topfes, in der Form eines Kegels. Mit dem Griff eines langen Holzlöffels mehrere Löcher in den Reis stechen. Dadurch verteilen sich Hitze und Dampf sich besser. Mit einem sauberen Küchentuch den Topfdeckel umwickeln. Den Reis so zugedeckt, bei niedriger Temperatur 70–80 Minuten dämpfen lassen.

>>>

Die Zutaten für 6 – 8 Personen:

600 g	Basmatireis
2	mittelgroße Kartoffeln, geschält und in 5 mm dicke Scheiben geschnitten
200 g	kernlose Rosinen
200 g	Pistazienkerne, oder -stifte, kurz in der Pfanne geröstet
200 g	Mandelstifte, kurz in der Pfanne geröstet
50 g	Schale von ungespritzten Orangen, in feine Streifen schneiden, einen Tag vorher in Wasser legen, damit sich der bittere Geschmack etwas verliert.
200 g	Beberitzen, geputzt und gewaschen
250 g	frische Schattenmorellen, entkernt, wenn nicht vorhanden, verwenden Sie eingelegte Schattenmorellen
350 g	Zucker
2 TL	Zimtpulver
0,5 TL	gemahlenen Sternanis
1/3 TL	gemahlene Nelken
0,5 TL	gemahlenen Kreuzkümmel
1/3 TL	gemahlenen Safran, in 50 ml heißem Wasser 5–10 Minuten ziehen lassen

Inzwischen bereiten Sie die anderen Zutaten vor. Etwa 200 ml Wasser in einem Topf zum Kochen bringen, 250 g Zucker dazuschütten, umrühren und bei niedriger Kochtemperatur 10 Minuten köcheln lassen. Die Orangensteifen dazugeben und weitere 30 Minuten köcheln lassen, herausnehmen und in einem Sieb abtropfen lassen.
Die abgetropften Schattenmorellen in einen nicht zu großen separaten Topf füllen, 120 ml Wasser darüber schütten und aufkochen lassen.
Anschließend den restlichen Zucker hinzufügen und weitere 30 Minuten köcheln lassen. Danach in ein Sieb schütten und abtropfen lassen.
Den Safran und die Butter in eine große Tasse geben und mit 50 ml heißem Wasser übergießen.

Zugedeckt einige Minuten ziehen lassen.
Die Rosinen, Sternanis, Nelken und den Kreuzkümmel, 2 Minuten in einer Pfanne mit 2 EL ÖL anbraten, herausnehmen und auf einem extra Teller zur Seite stellen.
Die Pfanne waschen, in 3 EL Öl die Beberitzen einige Minuten anbraten und mit 4 EL Limonen- oder Zitronensaft ablöschen. 1,5 TL Zucker dazugeben, etwas umrühren und herausnehmen.
Die Mandelstifte 2 Minuten im Restöl rösten, herausnehmen und beiseite legen. Genauso mit den Pistazien verfahren.

Wenn der Reis fertig ist, 10–12 EL in eine Schüssel geben und mit dem Safran vermischen.
Den Rest des Reises auf einem großen Tablett anrichten und den Safranreis und das Zimtpulver drüberstreuen.
Jetzt lassen wir Sie allein mit einer Menge Zutaten, die Sie nach Belieben kombinieren und garnieren können.

Nush–e Dján; Guten Appetit

Fladenbrotbäckerei in Láli.
Der ausgewalzte Teig läuft über ein Band durch den Ofen.

Unsere Cousine Hawá in ihrer traditionellen bakhtiarischen Tracht bei der Fladenbrotzubereitung: den Teig kneten, portionieren, mit einem Stock schleudern bis er hauchdünn ist und dann auf dem Gaskocher beidseitig backen.

آو قارچ

Auw Ghárch
Steinpilz–Suppe

Die Zutaten für 4 - 6 Personen:

100 g	getrocknete Steinpilze einen Tag vorher in Wasser einweichen, ersatzweise kann man auch 350 g frische Pfifferlinge nehmen.
100 g	getrocknete Aprikosen, würfeln
150 g	Anárdáneh, getrocknete Grantapfelkerne. In indischen oder pakistanischen Läden erhältlich. Wenn nicht vorhanden, Saft von 2–3 frischen Granatäpfeln
2	Eier
150 g	Zwiebel, geschält und fein gewürfelt
2	Knoblauchzehen, geschält und feingehackt
1,5 EL	Mehl
1 EL	Schnittlauch, fein geschnitten
1 EL	Petersilie, fein geschnitten
3 EL	zerkleinerte Walnußkerne
1,5 TL	Curry
1 TL	Kurkuma
	Öl
	Salz und Pfeffer

Die Zubereitung:

Die getrockneten Steinpilze einen Tag vorher in Wasser einweichen. Wenn stattdessen Pfifferlinge verwendet werden, bleibt dieser Schritt erspart.
Als Erstes 500–600 ml Wasser in einem mittelgroßen Topf zum Kochen bringen. Die Granatapfelkerne zugedeckt ca. 45 Minuten köcheln lassen. Man sollte diesen Vorgang vorher erledigt haben, um die Brühe bei der Zubereitung parat zu haben.
In einen zweiten Topf so viel Öl hineingeben, bis der Boden des Topfes ganz bedeckt ist. Die gewürfelten Zwiebeln und die gut geputzten und gewaschenen Steinpilze oder Pfifferlinge dazugeben, und goldbraun anbraten. Nun das Mehl darüberstäuben und unter ständigem Rühren ebenso goldbraun braten.
Jetzt sind die Gewürze, die Kräuter und die gewürfelten Aprikosenstücke an der Reihe. Auch diese werden kurz mit angebraten.
Anschließend wird alles mit der Granatapfelbrühe abgelöscht, indem Sie diese durch ein Sieb zur Suppe gießen.
Die im Sieb gebliebenen Kerne ausdrücken, damit die Suppe einen kräftigen Geschmack bekommt.
Um einen noch intensiveren Geschmack zu erreichen, können Sie noch zusätzlich 1 EL Granatapfelkerne zur Suppe hinzufügen.

Wichtig: Falls Saft von frischen Granatäpfeln verwendet wird, die ausgequetschten Kerne, ohne Schalen, mit 350–400 ml Wasser wie oben genannt zubereiten. Aber nicht vergessen, die Hände gleich danach zu waschen, denn der Granatapfelsaft färbt die Hände schwarz.
Alles ca. 1 Stunde köcheln lassen und immer wieder umrühren. Etwa 10 Minuten vor dem Servieren die Eier ganz behutsam unterheben, so daß man noch die kleinen Eiweiß- und Eigelbstücke sehen kann.

Diese Spezialität der persichen Bakhtiari Nomaden läßt man sich am besten an kalten Herbst- und Wintertagen mit Fladenbrot schmecken.

Nush–e Djån; Guten Appetit

Auw Ghárch, die Lieblingspeise von unserem Onkel Khodáram. Übrigens ist er ein großer Winnetou-Fan.

زرشک پلو

Sereshk Polo

Gedämpfter Reis mit Berberitzen

Die Zutaten für 4 – 6 Personen:

500 g	Basmatireis
150 g	Berberitzen, putzen, 30 Minuten in Wasser einweichen, spülen und in einem Sieb abtropfen lassen
2 TL	Zucker
1 EL	Limonensaft
1/3 TL	persischer Safran, gemahlen
50 g	Butter
	Salz
0,5 TL	Zimtpulver
	Öl

Die Zubereitung:

Ca. 2 Liter Wasser in einen mittelgroßen Topf mit 3–4 Liter Volumen gießen und zum Kochen bringen. Den Reis 2–3 mal mit lauwarmem Wasser waschen. Sobald das Wasser kocht, den Reis zusammen mit 3 TL Salz dazuschütten. Bei niedriger Temperatur 7–8 Minuten köcheln lassen. Bei zu hoher Kochtemperatur schäumt das Wasser. Der Reis darf auf keinen Fall zu weich gekocht werden. Die Körner sollten noch etwas Biß haben.
Schnell aber vorsichtig den Reis in ein Sieb umschütten, mit kaltem Wasser abschrecken und abtropfen lassen.
Den gleichen Topf gründlich waschen, so viel Öl hinein gießen, bis der Boden mit einer 2 mm dicken Schicht bedeckt ist. Den Reis in kleinen Portionen in den Topf schütten. Am besten nur in die Mitte des Topfes, in der Form eines Kegels. Dann mit dem Griff eines langen Holzlöffels mehrere Löcher bis zum Topfboden in den Reis stechen, dadurch verteilen sich Hitze und Dampf besser.

Danach ein sauberes Küchentuch nehmen, den Topfdeckel damit umwickeln und auf den Topf setzen. Bei niedriger Kochtemperatur soll unser Reis 70–80 Minuten dämpfen.
Zehn Minuten vor dem Servieren werden die Berberitzen in Zucker und 3 EL Öl kurz angebraten und mit Limonensaft abgelöscht. Zum Schluß mit einer Prise Salz abschmecken.
Das Braten der Berberitzen sollte nicht länger als 2–3 Minuten dauern, sonst brennen sie an.

Den gemahlenen Safran und die Butter in eine große Tasse geben, und mit 50 ml heißem Wasser übergießen. Zugedeckt einige Minuten ziehen lassen.

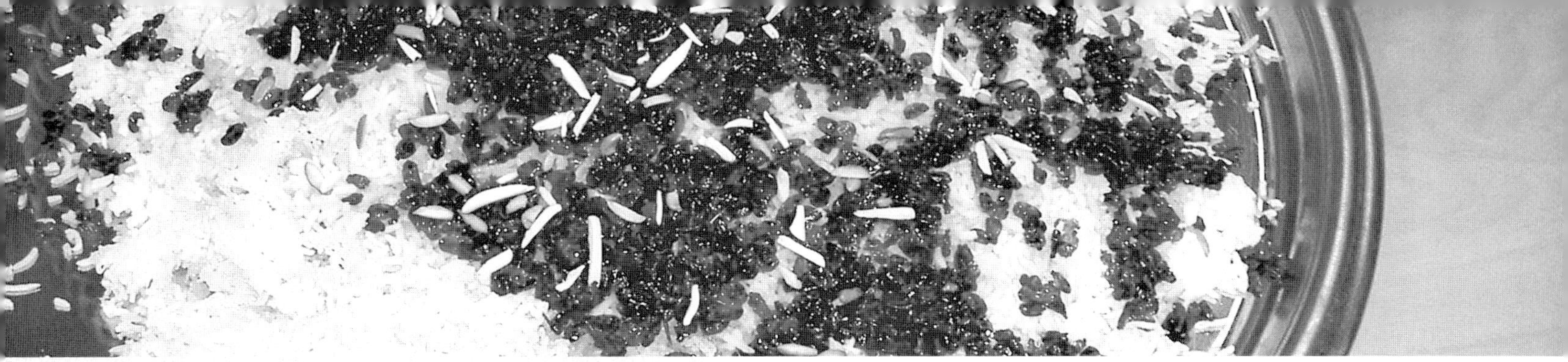

Wenn der Reis fertig ist, 10–12 EL davon in eine Schüssel mit dem Safran vermischen. Den Rest des Reises auf einer großen Servierplatte anrichten, und nacheinander mit dem Safranreis und den Berberitzen bestreuen. Zum Schluß alles mit dem Zimt bestreuen.
Die knusprige Unterschicht des Reises servieren Sie auf einem extra Teller.

Dieses Beilagengericht ist ein Juwel unter den Reisgerichten.

Nush–e Dján; Guten Appetit

>>> Safran :

Es gibt verschiedene Methoden, Safran beim Kochen einzusetzen: Wenn Sie eher Wert auf die gelbe Farbe legen, geben Sie den Safran am Anfang der Kochzeit hinzu. Ist Ihnen das delikate Aroma wichtiger, fügen Sie den Safran erst gegen Ende hinzu, um möglichst wenig der flüchtigen Aromastoffe zu verlieren.

Safran Zubereitung:

- *Safranfäden im Mörser zermahlen*
- *Mit etwas Wasser den gemahlenen Safran übergießen, abdecken und einige Minuten ziehen lassen, damit eine Safranlösung entsteht. Je wärmer die Flüssigkeit ist, um so schneller und intensiver entwickeln sich Farbe und Aroma.*

Dál Adasi
Rote Linsen – Eintopf

Als ich nach fünfzehn Jahren wieder meine Mutter im Iran besuchte und sie mich fragte, was ich zum Mittagessen möchte, bat ich sie mir diesen Eintopf zu kochen.
Ich habe dieses Rezept genau nach den Anweisungen meiner Mutter geschrieben – schließlich möchte ich keinen Ärger mit ihr bekommen – um auch Sie an meiner Freude teilhaben zu lassen.
Reza

Die Zubereitung:

Die roten Linsen dreimal mit lauwarmem Wasser waschen und abgießen. Anschließend 2 – 3 Stunden im Wasser stehen lassen.
In einen mittelgroßen Topf so viel Öl gießen, bis der Topfboden bedeckt ist. Die fein gewürfelten Zwiebeln dazugeben und goldbraun anbraten.
Danach kommen die fein gehackten Knoblauchzehen, Chili und Ingwer dazu.
Nach etwa 1 Minute die Gewürze und das Tomatenmark dazugeben und 20 bis 30 Sekunden anbraten. Dadurch entfaltet sich das Aroma noch besser.

>>>

Die Zutaten
4 – 6 Personen:

400 g	rote Linsen
200 g	Zwiebeln, geschält und fein gewürfelt
3	Knoblauchzehen, geschält und fein gewürfelt
10 – 12	getrocknete Mirabellen, wenn nicht vorhanden, getrocknete Aprikosen
150 g	Kartoffeln, geschält und in 1 cm große Würfel geschnitten
3	Limu Amani, persische getrocknete Limonen
2 TL	Curry
1,5 TL	Kurkuma
1 rote	Peperoni, die Samen und Scheidewände entfernen und fein hacken
1 Stk.	frischer Ingwer, walnußgroß, geschält und in feine Stückchen gewürfelt
2 TL	Tomatenmark, nach Belieben
0,5 TL	Zimt
	Öl
	Salz und Pfeffer

Unsere Mutter, Bibitalá,
in ihrem Reich der Sinne.

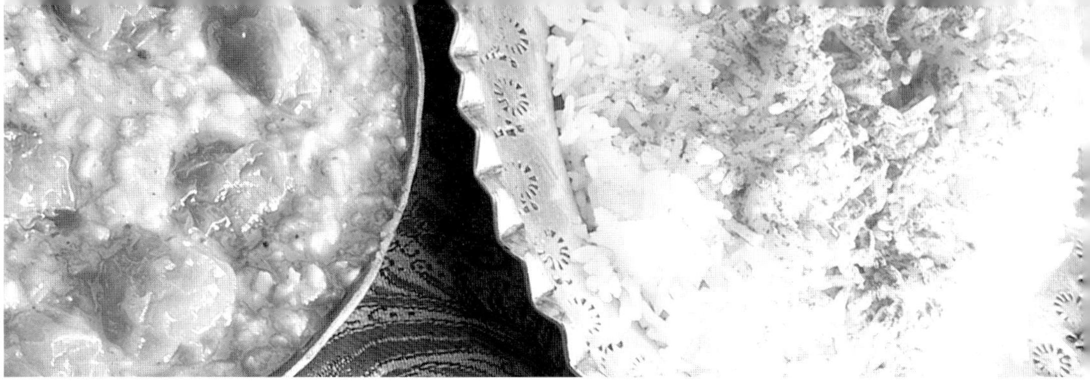

Jetzt sind die roten Linsen an der Reihe. Das Wasser, in dem sie eingeweicht waren, vorher abgießen. Unter ständigem Umrühren werden sie mit angebraten. So viel Wasser dazugeben, bis die Linsen bedeckt sind. Die getrockneten Limonen aufbrechen und das dunkle Fruchtfleisch ohne Schalen und Kerne zusammen mit den getrockneten Mirabellen oder Aprikosen und den Kartoffeln zu den roten Linsen dazugeben und langsam umrühren.
Auf niedrigster Temperatur alles köcheln lassen.
Alle 10 – 15 Minuten umrühren, um zu verhindern, daß die untere Schicht anbrennt.
Wichtig ist es, bei zu dicker Suppe etwas Wasser dazu zugießen, jedes Mal ca. 150 ml.
Nach 60 – 70 Minuten ist der Eintopf fertig.

Ich empfehle Ihnen, den Eintopf mit Pardisi (siehe Seite 104) zu garnieren und als Beilage Fladenbrot zu servieren.
Um den, vielleicht für manche Gäste zu pikanten Geschmack zu mildern, kann man königlichen Safranreis zubereiten.

Nush – e Dján; Guten Appetit

آبدوغ خیار و ترید

Ábdugh Khiár wa Tarid

Kaltschale mit Joghurt, Gurken und Zwiebeln

Die Zutaten
für 4 – 6 Personen:

500 g	Joghurt
2	mittelgroße Gurken, geschält und gehobelt
2	Schalotten, geschält und fein gewürfelt
1 EL	getrocknete Nanaminze
2 EL	zerkleinerte Walnußkerne, oder geröstete Pinienkerne
2 EL	kernlose Rosinen
400 ml	kaltes Wasser
	Salz und Pfefer

Die Zubereitung:

Den Joghurt in eine große Schüssel kippen und die gehobelten Gurken, Schalotten, Walnußkerne, Nanaminze, Rosinen und das Wasser dazugeben. Während des Umrührens mit Salz und Pfeffer abschmecken und im Kühlschrank 2–3 Stunden ziehen lassen.
Danach mit einer Schöpfkelle gut umrühren. Portionsweise in tiefen Tellern servieren.
Darin zerkleinert man das Fladenbrot, damit es weich wird. Auf persisch nennt man diesen Vorgang „Tarid". Aber nicht zuviel Brot nehmen, sonst wird die Kaltschale vom Brot aufgesogen! Wenn Sie möchten, können Sie einige Eiswürfel in die Schüssel geben, um den Inhalt für längere Zeit kühl zu halten.

Diese Spezialität wäre sehr geeignet für heiße Sommertage, an denen man keine große Lust zum Kochen, aber trotzdem große Freude am Essen hat.

Nush–e Dján; Guten Appetit

عدس پلو

Adaspolo
Linsen–Reis Spezialität

Die Zubereitung:

Einen kleineren Topf mit 1,5–2 Liter Volumen halbvoll mit Wasser füllen und 1 TL Salz dazugeben. Darin die Linsen weich, aber noch bißfest kochen, danach durch ein Sieb abgießen und abtropfen lassen.

In einem mittelgroßen Topf mit 4–5 Liter Volumen ca. 2 Liter Wasser zum Kochen bringen. Inzwischen den Reis 2–3 mal mit lauwarmem Wasser waschen. Sobald das Wasser zu kochen beginnt, den Reis zusammen mit 3 TL Salz dazugeben. Bei kleiner Flamme ca. 7–8 Minuten köcheln lassen. Die Reiskörner sollten „al dente" sein, und dürfen auf keinen Fall zu weich gekocht werden.
Den Reis schnell aber vorsichtig in ein Sieb abgießen, kurz mit kaltem Wasser abschrecken und abtropfen lassen.

Den verwendeten Topf gründlich waschen und wieder auf den Herd stellen. So viel Öl hinein gießen, bis der Boden mit einer 2 mm dicken Schicht bedeckt ist und 100 ml Wasser dazugeben. Die Kartoffelscheiben über den ganzen Topfboden verteilen, so daß der Topfboden so weit wie möglich bedeckt ist.

1/3 des Reises in kleinen Portionen in den Topf schütten. Am besten nur in die Mitte des Topfes. Jetzt 1/3 der Linsen und 1/3 des gehackten Dills und wieder Reis und abwechselnd Dill und Linsen usw.
Am Ende soll die Form eines Kegels entstehen. Mit dem Griff eines langen Holzlöffels mehrere Löcher in den Reis stechen. Dadurch verteilen sich Hitze und Dampf besser.

>>>

Die Zutaten für 6 – 7 Personen:

500 g	Basmatireis
300 g	Linsen, einen Tag vorher in Wasser einweichen
200 g	frischer Dill, geputzt und gehackt
100 g	kernlose Rosinen
200 g	Zwiebel, geschält und in dünne Ringe geschnitten
1	walnußgroßes Stück Ingwer, geschält und in feine Streifen geschnitten
1 TL	Zimtpulver
0,5 TL	gemahlener Safran
150 g	Kartoffeln, geschält und in 5 mm dicke Scheiben geschnitten
400 g	frische Datteln, entkernt
500 g	Joghurt, in einem Sieb die Molke abtropfen lassen
0,5 TL	gemahlene Sternanis-Kreuzkümmel-Nelken-Mischung, jeweils zu gleichen Teilen
1 TL	Curry
0,5 TL	Kurkuma
	Öl
150 g	Butter
	Salz und Pfeffer

Abschließend ein sauberes Küchentuch nehmen, den Topfdeckel damit umwickeln und auf den Topf setzen. Dadurch wird der Dampf von dem Tuch aufgesogen und der Reis wird locker. Bei niedrigster Hitze den Linsenreis 70–80 Minuten dämpfen lassen.

Zehn Minuten vor dem Servieren die Zwiebelringe und Ingwerstreifen in 3–4 EL Öl goldbraun anbraten. Die Rosinen, das Curry und Kurkuma mit einer Prise Salz hinzufügen und alles eine halbe Minute weiterbraten.
Die entkernten Datteln und die gemahlene Sternanis–Kümmel–Nelken–Mischung in 100 g heißer Butter, ca. 1 Minute, in einer separaten Pfanne anbraten. Abschließend mit einer Prise Salz abschmecken.
Den Safran und die restliche Butter in eine große Tasse geben, mit 50 ml heißes Wasser übergießen, und zugedeckt einige Minuten ziehen lassen.

Wenn der Reis fertig ist, 10–12 EL davon in eine Schüssel geben und mit dem Safran vermischen. Der Rest des Reises kommt auf ein großes Tablett und wird mit dem Safranreis bestreut. Anschließend den Reis mit Zimt bestäuben. Die Datteln, die Zwiebel–Rosinenmischung und die knusprigen Kartoffeln, die als Unterschicht im Topf gedient haben, darüber verteilen. Den Joghurt separat in einer Schüssel daneben servieren, so daß jeder sich beliebig davon auf seinen Teller nehmen kann.

Herstellung des abgetropften Joghurts:

Ein sauberes Küchentuch über ein Sieb breiten und in eine Schüssel stellen. Den Joghurt in das Sieb schütten und 2–3 Stunden abtropfen lassen. Deshalb bitte 100–200 g mehr Joghurt besorgen, um die angegebene Menge zu erreichen.

Diese Spezialität ist ein Zeichen meines Respektes für die vegetarischen GenießerInnen der persischen Küche.

Nush–e Dján; Guten Appetit

Am zerklüfteten Ufer des mächtigen Karun.

Das verhexte Schaf

گوسفند جادو شده

Titelgeschichte aus den persisch-orientalischen Erzählungen von Reza Haidari Kahkesh

Einmal ging Mollah Walli auf den Viehmarkt und kaufte dort ein prächtiges junges Schaf, um es am Opferfest zu Ehren seiner verstorbenen Familienmitglieder zu schlachten. Während er sich zusammen mit seinem gerade erstandenen Opfertier auf den Rückweg machen wollte, wurde er von drei Gaunern beobachtet, die es sogleich auf das schöne Tier abgesehen hatten. Sie steckten schnell ihre Köpfe zusammen und heckten einen Plan aus, wie sie es dem braven Mollah Walli wohl am besten abluchsen konnten. Dann ging jeder von ihnen in eine andere Richtung davon.

Auf dem Bazar herrschte an diesem Tag ein lebhaftes Treiben. Mollah Walli genoss, wie die vielen anderen Menschen, die spürbare Vorfreude auf das nahe Opferfest. Ganz in seinen Gedanken versunken, das Schaf an einer Leine hinter sich herführend, bahnte er sich seinen Weg durch die Menge, als plötzlich hinter ihm eine laute Stimme rief: „Mollah Walli! Wohin gehst Du mit diesem Hund? Pass auf, dass er in diesem Getümmel niemanden beißt". Mollah Walli drehte sich um, schaute den Mann, der sich offensichtlich über ihn lustig zu machen schien, verächtlich an und dachte bei sich: „Was für ein Trottel. Erkennt nicht einmal den Unterschied zwischen einem Schaf und einem Hund." Trotzdem warf er einen kurzen Blick auf sein Tier und lächelte bei dessen Anblick zufrieden. Ohne sich noch einmal nach dem Gauner umzuschauen ging er weiter.

Er war allerdings noch nicht weit gekommen, da tauchte ein weiterer Mann vor ihm auf, der voll Bewunderung auf das Schaf blickte. Begeistert rief er aus: „Was für ein prächtiger Jagdhund! Mit so einem kräftigen Tier könntest du auf die Löwenjagd gehen." Diesmal wurde Mollah Walli wütend und erwiederte: „Du Dummkopf! Was für einen Hund meinst du? Das hier ist ein Schaf. Von wo kommst du überhaupt, dass du keinen Hund von einem Schaf unterscheiden kannst?" Darauf erwiderte der Gauner:
„Ich glaube, derjenige der diesen Unterschied nicht erkennt bist du." Während er auf Mollah Wallis Opfertier zeigte fuhr er fort: „Ich sage dir: Wenn dieses Tier hier ein Schaf ist, dann bin ich der berühmte Kalif Harun Al Rashid von Bagdad." Mollah Walli schnappte nach Luft und wollte gerade etwas erwidern, als sich der Gauner umdrehte und im Weggehen spottete: „Sei still! Ich muss in meinen Palast zurück, denn meine Geliebte Scheherazade wartet auf mich."

>>>

Mollah Walli blieb etwas verwirrt zurück. Er begann sich darüber Gedanken zu machen, ob es sich bei seinen jüngsten Erlebnissen nur um einen geschmacklosen Scherz gehandelt hatte, oder ob tatsächlich etwas mit dem Schaf nicht stimmte. Vorsichtig ging er auf das Tier zu und kniete sich vor ihm nieder, um es zur Sicherheit genauer zu untersuchen. Er betrachtete das Fell und die Hufe, kam näher heran, nicht ohne eine gewisse Furcht, falls es sich doch um einen Hund handeln sollte, gebissen zu werden, schaute ins Maul und warf einen Blick auf die Zähne des armen Schafes. Erleichtert und sichtlich zufrieden erhob er sich wieder, verfluchte den Gauner und ging mit seinem Schaf weiter.

Nach einer Weile gelangte er an eine Quelle. Beim Anblick des frischen klaren Wassers bekam er Durst und dachte bei sich: „Ein paar kräftige Schlucke von diesem köstlichen Wasser machen den Rest des Weges bestimmt angenehmer, und dem Schaf wird es auch gut tun." Wie Mollah Walli und sein Schaf sich über die Quelle beugten und zu trinken begannen, da rief es auf einmal: „Ahoi Mollah Walli! du bist doch ein gottesfürchtiger Mann. Wie kannst du mit einem Hund aus einer Wasserstelle trinken. Du weisst, was es für eine Sünde ist, ein unreines Tier (in islamischen Landern gelten Hunde als unrein) zu berühren, geschweige denn mit ihm das Trinkwasser zu teilen."

Mollah Walli fuhr blitzartig auf, schaute sein Schaf an und die Gedanken rasten ihm durch den Kopf: „Beim ersten Mann glaubte ich, er wäre ein Trottel. Auch dem zweiten wollte ich keinen Glauben schenken. Aber was ist mit diesem dritten Mann? Was wäre, wenn der Verkäufer dieses Schafes ein böser Zauberer war und mir Armseligen in meiner Leichtgläubigkeit einen Hund anstelle eines Schafes verkauft hat? Und..." Während Mollah Walli dies dachte, schien ihm die Ähnlichkeit seines Schafes mit einem Hund immer deutlicher. Vor Schreck warf er die Leine auf den Boden und lief so schnell wie möglich davon.

Am Abend saßen drei fröhliche Männer am Feuer, grillten frisches Fleisch und erzählten sich gegenseitig von dem armen Mollah Walli, wie er tatsächlich das Opfer seiner Leichtgläubigkeit wurde.

کله گنجشکی

Kaleh Gondjeshki

Hackfleischbällchen (auf persisch: Spatzenkopf)

Die Zubereitung:

Das Hackfleisch, die geriebene Zwiebel und der Knoblauch, die fein gehackte Peperoni, das Ei, und das Kichererbsenmehl werden zusammen geknetet und vermischt. Mit Salz und Pfeffer abschmecken und zwei Stunden ruhen lassen. Eine halbvolle Schüssel lauwarmes Wasser vorbereiten und die Hände darin befeuchten. Jetzt ein walnußgroßes Stück Hackfleich nehmen und auf die vorher angefeuchtete Handfläche legen. Die andere Handfläche sanft darauf legen und mit leichten kreisförmigen Bewegungen daraus Bällchen formen. Die so vorbereiteten Bällchen werden auf ein mit Mehl bestreutes Tablett gelegt und gleichmäßig gerollt.

Reichlich Öl, ca. 1 cm, in eine kleine Pfanne gießen und richtig heiß werden lassen. Anschließend so viele Fleischbällchen in die Pfanne legen, daß immer noch genügend Platz zum Rollen der Bällchen vorhanden ist.
Dadurch werden die Fleischbällchen von allen Seiten schön knusprig und goldbraun gebraten bzw. frittiert.

Die Fleischbällchen können auch als Beilage zu Adaspolo (siehe Seite 72) genossen werden.

Nush-e Dján; Guten Appetit

Die Zutaten:

500 g	Rinderhackfleisch
100 g	Zwiebeln, geschält und gerieben
1	Knoblauchzehe, geschält und gerieben
1	Ei
2-3 EL	Kichererbsenmehl, wenn nicht vorhanden, Weizenmehl
1	Peperoni, entkernt, sehr fein gehackt
	Salz und Pfeffer

حلیم بادمجان

Halim Bádemdján
Fleisch–Auberginen Paste

Die Zutaten für 5 – 6 Personen:

500–600 g	kleine Auberginen, geschält und längs in 0,5 cm breite Scheiben geschnitten
600 g	Kalbfleisch, Haxenscheiben, waschen und abtrocknen
250 g	Linsen, geputzt und gewaschen
3	Schalotten, geschält und geviertelt
0,5 TL	Curry
1 TL	Kurkuma
200 g	Zwiebeln, fein gewürfelt
2 EL	Kashkpaste mit 100 ml Wasser mischen; Kashk ist ein persisches Milchprodukt, hergestellt aus getrocknetem Joghurt; wenn nicht vorhanden, können Sie auch saure Sahne verwenden
100 g	frische Nana-Minze, fein gehackt
2	Knoblauchzehen, geschält und fein gehackt
2 EL	gehackte Walnußkerne
	Olivenöl
	Salz und Pfeffer

Die Zubereitung:

Es ist zu empfehlen, die geschnittenen Auberginen einen Tag vorher in ein Sieb zu legen und mit 1 EL Salz bestreut im Waschbecken stehen zu lassen. Dadurch verlieren sie den überflüssigen Saft bzw. den bitteren Geschmack, und nehmen beim Braten weniger Öl auf.
Die Auberginenscheiben mit kaltem Wasser abspülen und auf einem Küchentuch nebeneinander legen. Mit einem zweiten Tuch abtupfen.
In einer großflächigen Pfanne so viel Olivenöl gießen, bis eine etwa 2–3 mm dicke Ölschicht entsteht.

Um die Temperatur zu testen, einfach einen trockenen Holzlöffel in das Öl tunken. Wenn das Öl um den Löffel sofort Blasen bildet ist die notwendige Hitze erreicht.
Mit einer langen Gabel die Auberginenscheiben ins Öl legen und beidseitig goldbraun anbraten. Anschließend in einem großen Sieb abtropfen lassen.
Geben Sie in einen goßen Topf soviel Öl, daß der Boden bedeckt ist. Die Kalbshaxenscheiben und die Schalotten 2–3 Minuten braten. Dann kommen die Gewürze dazu und werden kurz mitgebraten.
Mit ca. 3/4 Liter Wasser ablöschen. Kurz aufkochen lassen und bei ganz geringer Kochtemperatur 2 Stunden köcheln. Den Schaum immer wieder abschöpfen. Nun die Linsen dazugeben und umrühren. Wenn die Knochen sich leicht vom Fleisch trennen lassen, sie herausnehmen, ansonsten etwas später.
Weiter 1 Stunde köcheln lassen, bis alles ganz weich ist und der Großteil des Wassers verdampft ist. Den Topf vom Herd nehmen. Die Linsen und das Fleisch so gründlich stampfen, daß daraus eine Pürrèe-ähnliche Masse entsteht. Bitte keinen Mixer verwenden, da die Fleischfasern nicht zerkleinert werden sollen, damit das Gericht seine Originalität beibehalten kann.

Oben: Kalter Bergsee im Zagrosgebirge. Unten: Geschäftsstraße in Ahwáz.

Nun die Zwiebelwürfel goldbraun anbraten und zu den Auberginenscheiben geben. Beides wird gestampft. Dieses Pürrèe zu unserer Fleisch–Linsen–Masse geben, und alles kräftig durchmischen.
Die Masse in eine große Schüssel kippen, den Kashk oder die saure Sahne darüber verteilen. Den Kashk könnte man auch in einer getrennten Schale servieren, dadurch kann jeder Ihrer Gäste so viel nehmen, wie er möchte.
Abschließend nun den Halim, unsere Auberginen-Fleisch–Paste, mit gebratenem Knoblauch, Zwiebeln und Nana-Minze und den zerkleinerten Walnußkernen garnieren.

Machen Sie sich keine Sorgen, wenn Ihre Gäste nach dieser Speise seltsam still sind, denn Sie sind einfach sprachlos von dem hervorragenden Geschmack dieses Gerichtes.

Nush–e Dján; Guten Appetit

Innenhof im Basar von Shiráz.

خورش کله گنجشکی

Khoresh-e Kaleh Gondjeshki

Fleischbällchen mit Kartoffeln in Tomatensauce

(auf persisch: Spatzenkopf)

Die Zubereitung:

Das Hackfleisch, die geriebene Zwiebel, der Knoblauch, die fein gehackte Peperoni, das Ei, und das Kichererbsenmehl werden zusammen geknetet und vermischt. Mit Salz und Pfeffer abschmecken, zwei Stunden ruhen lassen.
Eine halbvolle Schüssel lauwarmes Wasser vorbereiten und die Hände darin befeuchten. Jetzt ein walnußgroßes Stück Hackfleisch nehmen und auf die vorher angefeuchtete Handfläche legen. Die andere Handfläche sanft darauf legen und mit leichten kreisförmigen Bewegungen daraus Bällchen formen. Die so vorbereiteten Bällchen werden auf ein mit Mehl bestreutes Tablett gelegt und gleichmäßig gerollt.

Reichlich Öl, ca. 1 cm, in eine kleine Pfanne gießen und richtig heiß werden lassen. Anschließend so viele Fleischbällchen in die Pfanne legen, daß immer noch genügend Platz zum Rollen der Bällchen vorhanden ist. Dadurch werden die Fleischbällchen von allen Seiten schön knusprig und goldbraun gebraten bzw. frittiert.

Jetzt die Zubereitung der Sauce:

So viel Öl in einem mittelgroßen Topf gießen, bis der Topfboden bedeckt ist. Zuerst werden die Zwiebeln goldbraun angebraten. Anschließend Kurkuma, Curry, Knoblauch und Petersilie hineinstreuen und ebenfalls ganz kurz anbraten. Das Tomatenmark und die Tomatenstücke zusammen mit den Kartoffelstücken dazugeben und mit 150 ml Wasser ablöschen. Zugedeckt 40–45 Minuten köcheln lassen. 15 Minuten vor dem Servieren die Kaleh Gondjeschki, also unsere Fleischbällchen hineinlegen und noch einmal zudecken.

Bitte lassen Sie sich nicht von der persischen Bezeichnung der Fleischbällchen abschrecken, es schmeckt einfach himmlisch.

Nush–e Dján; Guten Appetit

Die Zutaten für 5 – 6 Personen:

Die Zutaten für die Fleischbällchen:

500 g	Rinderhackfleisch
100 g	Zwiebeln, geschält und gerieben
1	Knoblauchzehe, geschält und gerieben
1	Ei
2–3 EL	Kichererbsenmehl, wenn nicht vorhanden, Weizenmehl
1	Peperoni, entkernt, sehr fein gehackt
	Salz und Pfeffer

Die Zutaten für die Soße:

300 g	Tomaten, geschält, gewürfelt
2 TL	Tomatenmark
400 g	Kartoffeln, geschält und gewürfelt
100 g	Petersilie, fein gehackt
3	Schallotten, geschält, fein gehackt
2	Knoblauchzehen, fein gehackt
1 TL	Kurkuma
1,5 TL	Curry
0,5 TL	Zimt
2 – 3	getrocknete Limonen, mit einer Messerspitze mehrere Löcher einfügen
	Salz und Pfeffer

گوشت بره تنوری

Gusht-e Barehj-e Tanuri
Gebackenes Lammfleisch

**Die Zutaten
für 6 – 7 Personen:**

1,5–2 kg Lammschulter am Knochen	
3	Rollen Zimtrinde
2 Stk.	Sternanis
3	Schalotten, geschält und geviertelt
2	Knoblauchzehen, geschält und geviertelt
1/3 TL	gemahlener Safran
1 TL	Kurkuma
1 TL	Curry
1 EL	Limonensaft, wenn nicht vorhanden, kann man auch Zitronensaft verwenden
60 g	kernlose Rosinen
60 g	geschälte Pistazienkerne
100 g	geschälte Mandelkerne
70 g	Butter
	Salz und Pfeffer

Die Zubereitung:

Das Fleisch waschen und zusammen mit der Zimtrinde, den Schalotten, den Knoblauchzehen und dem Sternanis in einen großen Topf geben. So viel Wasser dazugießen, bis das Fleisch ganz bedeckt ist.
Sobald es anfängt zu kochen, das Fleisch bei niedrigster Temperatur 60–70 Minuten köcheln lassen. Aber vergessen Sie nicht, immer wieder den Schaum auszuschöpfen. Das Fleisch muß weich gekocht sein, darf sich aber nicht vom Knochen lösen.

Babak mit seiner Frau, unseren Schwestern Ázar und Mamar, unserem Schwager Reza und Neffen Esmail bei seiner Liebligsbeschäftigung, dem Grillen.

Den gemahlenen Safran, die Butter, das Kurkuma, das Curry, und den Limonensaft in eine mittelgroße Schüssel geben. Mit 150–200 ml unserer heißen Lammfleischbrühe übergießen. Langsam umrühren, mit Salz und Pfeffer abschmecken. Mit einem Deckel abdecken und 10 Minuten ziehen lassen.

Die Rosinen zusammen mit den Pistazien-, und Mandelkernen in einer großen Backform einschichten. Das Fleisch vorsichtig aus dem Topf nehmen, in die Backform legen, und mit der Lammfleisch–Gewürzbrühe übergießen.
Nun den Deckel darauf und 60–70 Minuten bei 140°–150° C backen.
Dabei immer wieder das Fleisch mit der Brühe aus der Backform übergießen. 10 Minuten vor dem Servieren den Deckel abnehmen. So wird das Fleisch schön knusprig.
Als Beilage empfehle ich Ihnen unbedingt Sereshk Polo, auf Seite 66. Das ist gedämpfter Reis mit gebratenen Berberitzen.

Schließlich möchte ich mich nicht bei meinen Landsleuten unbeliebt machen.

Nush–e Dján; Guten Appetit

حلیم گندم

Halim-e Gandom
Weizen–Kalbfleisch–Eintopf

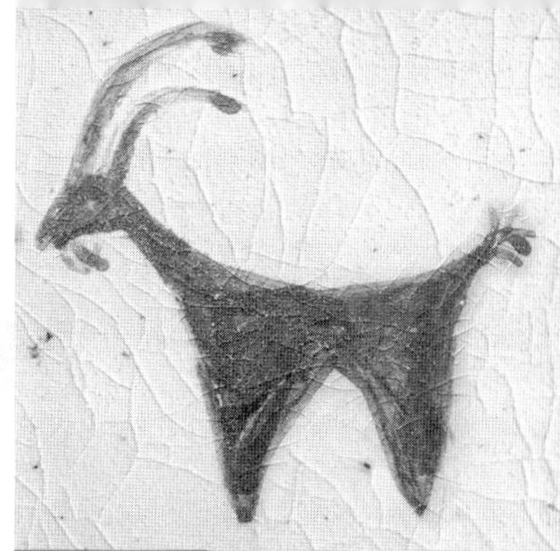

Diese Speise gehört zu denjenigen Spezialitäten, wofür die Perser bereit wären während der kalten Herbst- und Wintertage auf ihren frühen Morgenschlaf zu verzichten, um sich ausgerüstet mit einem Topf oder einer Schüssel in besonderen Gaststätten dieses Gericht zu besorgen, und sich damit einen freudigen, stärkenden Tagesbeginn zu gönnen.
Der Ursprung dieser Speise führt uns tausende Jahre zurück nach Mesopotamien und Südwest-Persien, als die Menschheit mit dem Aufbau der ersten Siedlungen begann. Ich weiß nicht, ob die damaligen Menschen die gleiche Zubereitungsmethode verwendet haben, aber eins werden Sie erkennen, wenn Sie diese Speise zubereitet haben. Wie geschmackvoll und nahrhaft dieses Gericht ist!

Die Zubereitung:

Die Kalbshaxenscheiben mit kaltem Wasser waschen und in einem ca. 4–5 Liter Volumen großen Topf mit 1,5 Liter Wasser zum Kochen bringen. Danach auf niedrigster Kochtemperatur 70–80 Minuten köcheln lassen.

Die Knochen vom Fleisch trennen und herausnehmen. Das Fleisch vorsichtig mit einem Stampfer stampfen. Dadurch bleibt das Fleisch faserig.
Den Weizen dazugeben und mit einer Prise Salz abschmecken. Immer wieder umrühren. Es kann sein, daß Sie Wasser zufügen müssen, da das Wasser von den Weizenkörnern aufgesogen wird. Aber bitte das Wasser in kleinen Mengen dazugießen.
Nach weiteren 60 Minuten köcheln, wieder mit dem Stampfen beginnen und so lange rühren, bis fast eine Art Püree entsteht. Dieses Stampfen und Umrühren soll in vier oder fünf Schritten vorgenommen werden, damit die Weizenstärke sich gut entfalten kann und das Halim eine bessere Konsistenz bekommt.
1,5 EL heiße Butter, 0,5 TL Zimtpulver und 1 TL Zucker drübergeben und in tiefen Tellern servieren. Mit frischem Fladenbrot genießen.

Wenn Sie „Halim Gandomi" zum Frühstuck essen möchten, empfehle ich Ihnen, den ersten Fleisch-Bearbeitungsschritt am Vortag auszuführen, den zweiten am nächsten Tag. Bei Verwendung von Gerstengraupen werden Sie ohne großen Geschmacksverlust die gleiche Konsistenz in kürzerer Zeit erzielen. Dadurch sparen Sie Zeit.

Nush–e Dján; Guten Appetit

Die Zutaten für 6 – 8 Personen:

500 g	Kalbshaxe, in Scheiben gesägt, oder Truthahnkeule
400 g	Weizen, geputzt und gewaschen, ersatzweise kann man auch Gerstengraupen verwenden
70 g	Butter
	Zimtpulver
	Zucker
	Salz

خورش قورمه سبزی

Khoresh-e Ghormeh Sabzi
Geschmortes Lammfleisch in Kräutersauce

Dieses Gericht gehört, ohne Übertreibung, zu den beliebtesten persischen Spezialitäten. Und das mit Recht, da der Duft und der Geschmack Ihnen eine Komposition der raffiniertesten kulinarischen Gaumenfreuden bietet. Glauben Sie mir nicht? Dann probieren Sie selbst. Nur Mut! Sie können mit diesem Gericht Herzen erobern.

Die Zubereitung:

So viel Öl in einen mittelgroßen Topf gießen, bis der Topfboden ganz bedeckt ist. Das Fleisch in zwei Portionen gleichmäßig von allen Seiten anbraten und wieder herausnehmen. Auf diese Art bleibt das Fleisch saftiger. Die Zwiebeln im selben Topf goldbraun anbraten. Den Knoblauch und die Kräuter dazugeben und einige Minuten weiterbraten.
Curry, Kurkuma und das Fleisch dazugeben und 5 Minuten braten lassen. Danach alles mit 650 ml Wasser ablöschen.
Die Bohnen in einem Sieb abtropfen lassen und dazugeben. Mit einer Messerspitze einige Löcher in die Limonen stechen. Danach die Limonen in den Topf geben. Umrühren und sobald es zu kochen beginnt, bei niedriger Kochtemperatur 70–80 Minuten köcheln. Bei Bedarf 150 ml Wasser nachgießen. Kurz vor dem Servieren die Limonen ausdrücken. Denn Saft in die Sauce träufeln.

Als Beilage empfehle ich Ihnen „königlichen Safranreis" (entspricht „Sereshk Polo" ohne Verwendung von Berberitzen, siehe Seite 66) um eine Menge Herzen zu erobern.

Nush–e Dján; Guten Appetit

Die Zutaten für 5 – 6 Personen:

650g	Lammfleisch, von der Schulter, goulaschförmig geschnitten
150g	Zwiebel, geschält und fein gewürfelt
2	Knoblauchzehen, geschält und fein gehackt
200g	Petersilie, geputzt und fein gehackt
200g	Koriander, geputzt und fein gehackt
200g	Schnittlauch, geputzt und fein gehackt
250g	Spinat, geputzt und fein gehackt
Sie können die Kräuter auch als fertige Trockenmischung in persischen Läden kaufen. Getrocknete Kräuter sollten 1 Stunde vorher in Wasser eingeweicht werden. Anschließend in einem Sieb abtropfen lassen.	
Mit frischen Kräutern bekommen Sie jedoch ein besseres Ergebnis.	
250 – 300g	Schwarzaugenbohnen, wenn nicht vorhanden, rote Bohnen oder Kieselbohnen, einen Tag vorher in Wasser einweichen
5 Stk.	Limo Amani, in jedem persischen Laden erhältlich
1TL	Kurkuma
1,5TL	Curry
	Salz und Pfeffer
	Öl

بریانی پلو

Berjáni Polo
Polo mit Lammfleisch

Akradengänge am isfahaner Meidán-e Imam mit Masdjed-e Scheich Lotfolláh.

Die Zutaten
für 6 – 8 Personen:

1 kg	Lammfleisch, ohne Knochen, in große goulaschförmige Stücke geschnitten
150 g	Zwiebel, in feine Ringe geschnitten
3	Knoblauchzehen, geschält
250 g	Joghurt, ein Küchentuch über ein Sieb legen, den Joghurt hineingeben und über einer Schüssel 2–3 Stunden abtropfen lassen
4 EL	Limonensaft, wenn nicht vorhanden, Zitronensaft
100 g	Mandeln, geschält
1,5 TL	getrocknete Nanaminze
1	walnußgroßes Stück Ingwer, geschält in feine Streifen geschnitten
1 TL	Galgantpulver, in indischen Geschäften erhältlich
1 TL	Koriandersamen, gemahlen
1,5 TL	Kurkuma
1 TL	Curry
3 Stk.	grünen Kardamom, gemahlen
3 Stk.	Nelken, gemahlen
0,5 TL	Zimtpulver
40 g	Butterschmalz, wenn nicht vorhanden, Butter

Diese Speise verbindet die zwei Hochkulturen Indien und Persien auf wunderbarste Art. Sie wird hauptsächlich in Isfahan, einer der schönsten Städte des Orients zubereitet.
Berjáni Polo sollte man für große Feste vorbehalten und nicht alleine essen, da man mit dieser Speise auf einen Schlag viele Menschen in der köstlichsten Art zufrieden stellen kann.
Man kann statt Lamm auch Geflügelfleisch oder Fischfilet verwenden.

Die Zubereitung:

Einen mittelgroßen Topf, mit ca. 3–4 Liter Volumen, mit ca. 1,5 Liter Wasser zum Kochen bringen. Den Reis 3 mal mit lauwarmem Wasser waschen.
Sobald das Wasser zu kochen beginnt, den Reis hineinschütten, und 3 TL Salz dazugeben. Bei niedriger Kochtemperatur 7–8 Minuten köcheln lassen. Immer wieder ein paar Reiskörner probieren. Diese sollten „al dente" sein und dürfen auf keinen Fall zu weich gekocht werden.
Den Reis in ein Sieb schütten, mit kaltem Wasser abspülen und abtropfen lassen.

Die geschälten Mandeln, die Knoblauchzehen, den Limonensaft, das Kurkuma- und Galgantpulver, Koriandersamen, Nelken und Curry in einem Mixer fein pürieren.
Anschließend in einer tiefen Pfanne die Zwiebelringe und Ingwerstreifen goldbraun anbraten, herausnehmen und beiseite legen.
Jetzt das Fleisch in der gleichen Pfanne von allen Seiten goldbraun anbraten, das Mandelpüree dazugeben und unter ständigem Umrühren 3 Minuten anbraten. Alles mit 150 ml Wasser ablöschen und in zugedecktem Zustand ca. 1 Stunde köcheln bzw. schmoren lassen.
Falls danach noch viel Flüssigkeit vorhanden ist, ohne Topfdeckel bei höherer Kochtemperatur einige Minuten kochen lassen, bis sich das Fleisch in einer dickflüssigen Sauce befindet.
Nun den Joghurt, Kardamom, Zimt, die gebratenen Zwiebelringe, die Ingwerstreifen und die Nanaminze drunterheben und vom Herd nehmen.

Den Reistopf gründlich waschen, so viel Öl hinein gießen, bis der Boden mit einer 2 mm dicken Schicht bedeckt ist.
Die Hälfte des Reises in kleinen Portionen hineinschütten. Am besten nur in die Mitte des Topfes, in der Form eines Kegels .Jetzt die Hälfte des Fleisches darauf verteilen und gleich nochmals alles wiederholen. Mit dem Griff eines langen Holzlöffels mehrere Löcher in den Reis stechen.

Der Innenhof der Freitags-Moschee.
Oben links: der Blick über die Kuppeln und Minarette.

Dadurch verteilen sich Hitze und Dampf besser. Mit einem sauberen Küchentuch den Topfdeckel umwickeln. Den Reis so zugedeckt, bei niedriger Temperatur, 70–80 Minuten dämpfen lassen.

Als Serviervorschlag empfehle ich Ihnen, mit Pardisi, Seite 102, zu garnieren.
Ich bin sicher, meine Landsleute aus Isfahan werden mir das nicht übel nehmen.
Mit dieser Speise werden Sie ihren Gästen schöne Erinnerungen schaffen, die sie immer wieder auf ihren Zungen spüren werden.
Aber passen sie auf, Ihre Finger nicht mitzuessen, wie die Perser sagen würden.

Nush–e Dján; Guten Appetit

Das einladende Teehaus
im musealen Abbási Hotel,
einer früheren Karawanserei.

خورش بامیه

Khoresh-e Bámieh
Lammfleisch mit Okrabohnen

Dieses Gericht können Sie auch ohne Fleisch zubereiten

Die Zubereitung:

So viel Öl in einen mittelgroßen Topf geben, bis der Topfboden bedeckt ist. Zuerst die Okrabohnen braten und anschließend wieder herausnehmen. Dann das Fleisch in zwei portionen anbraten und ebenfalls herausnehmen. Auf diese Art bleibt das Fleisch saftiger. Nun die Zwiebeln im selben Topf goldbraun anbraten.
Das Fleisch, Kurkuma, Curry, Paprika und Knoblauch dazugeben. Alles kurz anbraten, dann das Tomatenmark und die Tomatenstücke hinzufügen. Mit Salz und Pfeffer abschmecken, kurz umrühren und zugedeckt 70–80 Minuten köcheln lassen. Bei Bedarf kann man auch 100 ml Wasser nachgießen.
Ca. 45 Minuten vor dem Servieren die Okrabohnen und den Saft der ausgepreßten Zitrone dazugeben.
Okrabohnen können Sie in vielen orientalischen Läden kaufen. Wenn keine frischen zu bekommen sind, können alternativ auch Konserven gekauft werden. Die konservierten Okrabohnen sollten aber nur 10 Minuten vor dem Servieren zum Fleisch dazugegeben werden. Es ist sehr schade, daß die Okrabohne noch immer nicht in deutschen Geschäften etabliert ist.
Als Beilage empfehle ich Ihnen „königlichen Safranreis“ (entspricht „Sereshk Polo“ ohne Verwendung von Berberitzen, siehe Seite 66).

Nush–e Dján; Guten Appetit

Die Zutaten für 4 – 6 Personen:

600 g	Lammfleisch, Lammschulter, goulaschförmig geschnitten
3	Schalotten, geschält, fein gewürfelt
3	Knoblauchzehen, geschält, gehackt
700 g	Okrabohnen, gewaschen, den hölzernen Stiel abtrennen
2 EL	Tomatenmark
600 g	Tomaten, geschält, klein geschnitten
1 TL	edelsüßes Paprikapulver
1 TL	Kurkuma
1,5 TL	Curry
2 EL	persischer Limonensaft oder den Saft einer halben Zitrone
	Salz und Pfeffer
	Öl

خورش ریواس

Koresh-e Riwás
Lammfleisch mit Rhabarber

Die Zutaten
für 4 – 6 Personen:

700 g	Lammfleisch, von der Schulter, goulaschförmig geschnitten
2	Schalotten, geschält und fein gehackt
600 g	Rhabarber, geschält, in 5 cm lange Stücke geschnitten
100 g	Nana Minze, geputzt und gehackt
100 g	Petersilie, geputzt und gehackt
1 TL	edelsüßes Paprikapulver
	Öl
	Salz und Pfeffer

Die Zubereitung:

So viel Öl in einen mittelgroßen Topf geben, bis der Topfboden bedeckt ist. Zuerst das Fleisch in zwei Portionen anbraten und wieder herausnehmen. Auf diese Art bleibt das Fleisch saftiger. Im selben Öl die Schalotten goldbraun anbraten. Danach wieder das Fleisch und 200 ml Wasser dazugeben. Mit Salz und Pfeffer abschmecken. Bei niedrigster Temperatur, in zugedecktem Zustand, 60 – 70 Minuten köcheln lassen.
25 Minuten vor dem Servieren die Rhabarberstücke in 4 EL Öl ca. 10 Minuten in einer Pfanne anbraten. Die Kräuter und das Paprikapulver hinzufügen und alles weitere 5 Minuten braten. Füllen Sie nun den Inhalt der Pfanne in den Topf und lassen alles nochmals 10 Minuten köcheln.

Rhabarber einmal ganz anders.

Als Beilage empfehle ich Ihnen „königlichen Safranreis" (entspricht „Sereshk Polo" ohne Verwendung von Berberitzen, siehe Seite 66).

Nush – e Dján; Guten Appetit

Oben: Normadenhirte im Winterquartier
in der Provinz Khuzestán.

Das Buttermilchgetränk „Ábdugh",
das beste Getränk bei Hitze.

خورش سیب زمینی و گشنیز

Koresh-e Sibzamini wa Geshniz

Lammfleisch mit Kartoffeln und Koriander

Die Zubereitung:

So viel Öl in einen mittelgroßen Topf gießen, bis der Topfboden bedeckt ist. Zuerst portionsweise das Fleisch anbraten und wieder heraus nehmen, so bleibt das Fleisch saftiger. Im selben Öl die Schalotten goldbraun anbraten.

Danach Kurkuma, Paprika, Curry, Knoblauchzehen, und die Peperonistreifen zusammen mit dem Fleisch dazugeben und alles noch mal eine halbe Minute anbraten.

Anschließend mit 200 ml Wasser ablöschen und mit Salz und Pfeffer abschmecken. Mit dem Pfeffer bitte aufpassen, da wir schon eine Peperoni verwenden. Zugedeckt 70–80 Minuten köcheln lassen.

Ca. 45 Minuten vor dem Servieren mit 3 EL Öl den kleingehackten Koriander und die Petersilie 6–8 Minuten in einer Pfanne anbraten.

Zusammen mit den Kartoffeln und dem Fruchtfleisch der Limonen alles in den Topf zu dem Lammfleisch geben. Leicht umrühren und bis zum Ende der Kochzeit in Ruhe lassen.

Als Beilage empfehle ich Ihnen „königlichen Safranreis" (entspricht „Sereshk Polo" ohne Verwendung von Berberitzen, siehe Seite 66).

Ihre letzte Aufgabe wird es sein, sich noch etwas zu gedulden und sich auf diese Spezialität zu freuen. Und Sie werden auf die angenehmste Art belohnt.

Nush-e Dján; Guten Appetit

Die Zutaten für 4 – 6 Personen:

600 g	Lammfleisch, von der Schulter, goulaschförmig geschnitten
3	Schalotten, geschält und gewürfelt
3	Knoblauchzehen, geschält und gehackt
400 g	Kartoffeln, geschält und geviertelt
250 g	frischer Koriander, geputzt und gehackt
150 g	Petersilie, geputzt und gehackt
3	Limu Amani, getrocknete persische Limonen. Diese sollten Sie brechen, um die Schale und die Kerne zu entfernen. Sie brauchen nur das dunkle Fruchtfleisch
1	rote Peperoni, entkernt, in feine Streifen geschnitten
0,5 TL	edelsüßes Paprikapulver
1 TL	Kurkuma
1 TL	Curry
	Salz und Pfeffer
	Öl

خورش آلو و اسفناج

Khoresh-e Álu wa Esfenádj

Lammfleisch in Spinat und Pflaumensauce

Die Zubereitung:

So viel Öl in einen mittelgroßen Topf geben, bis der Topfboden bedeckt ist. In zwei Portionen das Fleisch anbraten und wieder herausnehmen.
Auf diese Art bleibt das Fleisch saftiger. Danach die Schalotten im selben Topf in Öl goldbraun anbraten.
Das vorgebratene Fleisch, Curry, Kurkuma, Safran, nochmals kurz anbraten, mit 200 ml Wasser ablöschen und mit Salz und Pfeffer abschmecken. Auf niedrigster Temperatur in zugedecktem Zustand 70 Minuten köcheln lassen.
In einer großen, tiefen Pfanne die geschnittenen Spinatblätter 10–15 Minuten in genügend Öl anbraten.
15 Minuten vor dem Servieren den Pfanneninhalt und die Pflaumen zu dem Fleisch in den Topf geben und sanft umrühren.
Mit Pinienkernen bestreuen und auftischen.

Als Beilage empfehle ich Ihnen „königlichen Safranreis" (entspricht „Sereshk Polo" ohne Verwendung von Berberitzen, siehe Seite 66).

Durch dieses Gericht werden Sie Ihre Freunde von den negativen Kindheitserinnerungen in Bezug auf Spinat befreien, und möglicherweise zu leidenschaftlichen Spinatessern bekehren.

Nush–e Dján; Guten Appetit

Die Zutaten
für 4 – 6 Personen

600 g	Lammfleisch von der Schulter, goulaschförmig geschnitten
2	Schalotten, geschält und geviertelt
750 g	Spinat, geputzt und geschnitten
250 g	kernlose Pflaumen
1 TL	Kurkuma
0,5 TL	Curry
1/4 TL	Safran, gemahlen
30 g	Pinienkerne oder Walnußkerne, geröstet
	Öl
	Salz und Pfeffer

Koresh-e Gol-e Kalam wa Hawidj

خورش گل کلم و هویج

Lammfleisch mit Blumenkohl und Karotten

Die Zubereitung:

So viel Öl in einen mittelgroßen Topf gießen, bis der Topfboden bedeckt ist. Zuerst das Fleisch in zwei Portionen anbraten und wieder herausnehmen. Auf diese Art bleibt das Fleisch saftiger.
Im selben Topf die Zwiebeln goldbraun anbraten. Anschließend das Fleisch wieder dazugeben, zusammen mit dem Kurkuma, Curry, Paprika, Zimt, Knoblauch und dem Safran, und alles kurz anbraten. Schließlich kommen das Tomatenmark, die Tomatenstücke und der Limonensaft dazu. Mit Salz und Pfeffer abschmecken, kurz umrühren, und zugedeckt 30 Minuten köcheln lassen. Bei Bedarf 100–150 ml Wasser hinzugegoßen werden.
Die Blumenkohl- und Karottenstücke 10 Minuten anbraten und zum Fleisch hinzufügen. Alles im zugedecktem Zustand noch ca. 40 Minuten köcheln lassen.
Das Gemüse darf nicht zu weich werden, es sollte noch etwas Biß haben.

Ich hätte bestimmt ein schlechtes Gewissen, wenn ich vergessen hätte, dieses Rezept zu erwähnen.

Als Beilage empfehle ich Ihnen „königlichen Safranreis" (entspricht „Sereshk Polo" ohne Verwendung von Berberitzen, siehe Seite 66).

Nush–e Dján; Guten Appetit

Die Zutaten für 4 – 6 Personen:

600 g	Lammfleisch von der Schulter, goulaschförmig geschnitten
3	Schalotten, geschält und fein gewürfelt
1	Knoblauchzehe, geschält und gehackt
500 g	Blumenkohl, geputzt und klein geschnitten
400 g	Karotten, geschält und in dicke Scheiben geschnitten
3 EL	Tomatenmark
250 g	Tomaten, geschält und klein geschnitten
2 EL	Limonensaft, wenn nicht vorhanden, Zitronensaft
1/4 TL	gemahlener Safran
1 TL	edelsüßes Paprikapulver
1 TL	Kurkuma
1 TL	Curry
0,5 TL	Zimt
	Salz und Pfeffer
	Öl

پردیسی

Pardisi

Der Vorgeschmack des Paradieses

„Diese Spezialität wurde von meiner Wenigkeit kreiert und dient nur zum Garnieren verschiedener Gerichte.
Wenn Sie dieses Rezept probiert haben, werden Sie feststellen, warum ich diesen Namen gewählt habe. Es ist sehr einfach zuzubereiten und wird sicher große Bewunderung bei Ihren Gästen und Familienmitgliedern auslösen."
Reza

Die Zubereitung:

Also beginnen wir:
Die gewürfelten Ingwerstücke goldbraun in Öl anbraten. Mit braunem Zucker überstreuen und unter ständigem Umrühren karamellisieren.
Die Pinienkerne dazugeben, goldbraun anbraten und anschließend den gehackten Koriander beimischen.
Mit Salz abschmecken. Eine halbe Minute umrühren und Ihr kleines Wunder ist vollbracht.

Nush–e Dján; Guten Appetit

Die Zutaten:

60 g	frischer Ingwer, geschält und fein gewürfelt
100 g	Pinienkerne oder Mandelstifte
150 g	frischer Koriander oder Petersilie, oder je zur Hälfte gemischt
2 TL	brauner Zucker
3 EL	Öl
Eine kleine Prise Salz	

Kuku Sibzamini bá Hawidj wa Nokhod Sabz

کوکو سیب زمینی با هویج و نخود سبز

Kartoffelomelett mit Hackfleisch, Karotten und grünen Erbsen

Die Zubereitung:

Die Kartoffeln, die Eier und den Safran zu einem Püree stampfen. Mit Salz und Pfeffer abschmekken und danach zur Seite stellen.
4 EL Öl in eine Pfanne gießen. Die Karotten und die Erbsen 5–7 Minuten anbraten und herausnehmen. Ebenso die Schalotten, das Hackfleisch und Kurkuma in der gleichen Pfanne goldbraun anbraten. Nötigenfalls etwas Öl nachgießen.
Mit Salz und Pfeffer abschmecken und herausnehmen.

Die Pfanne abspülen und abtrocknen und so viel Öl hineingeben, bis der Boden ganz bedeckt ist. Das Öl erhitzen, die Hälfte des Kartoffelteiges hineingeben und sofort gleichmäßig auf dem Pfannenboden verteilen. Die Karotten und grünen Erbsen über die ganze Teigfläche verteilen, danach das Hackfleisch und die fein gehackte Petersilie darüber streuen. Zum Schluß die zweite Teighälfte darauf verteilen und wie die untere Schicht gleichmäßig und glatt verstreichen.
Bei geringer Hitze 15–20 Minuten braten lassen.
Das Kuku entweder als Ganzes wenden oder in vier gleiche Teile schneiden, mit zwei großen, flachen Löffeln umdrehen und nochmals 15–20 Minuten braten.

Mit dieser Spezialität hat meine Mutter mich zum Schweigen gebracht, als ich behauptete, ich wisse eine Menge über Kochkünste.
Babak

Nush–e Dján; Guten Appetit

Die Zutaten für 4 – 5 Personen:

600 g	mehlige Kartoffeln, weich gekocht und geschält
5	Eier
250 g	Rinderhackfleisch
2	Schalotten, geschält und fein gehackt
200 g	Karotten, geschält und grob geraspelt
150 g	grüne Erbsen, entweder Dosenerbsen waschen und abtropfen lassen, oder Tiefkühlerbsen vorher auftauen lassen, oder frische Erbsen, gekocht
100 g	Petersilie, fein gehackt
1/4 TL	Safran, fein gemahlen
0,5 TL	Kurkuma
	Öl
	Salz und Pfeffer

مطنجه گوشت گوسفند

Motandjeh Gusht-e Gusfand
Geschmortes Lammfleisch in Essig und Joghurt

Die Zubereitung:

Das Fleisch in einen Topf geben und so viel Wasser dazugießen, bis das Fleisch gerade bedeckt ist. Aufkochen lassen und bei niedriger Kochtemperatur ca. 30 Minuten köcheln lassen.
Inzwischen die Zwiebelringe und Knoblauchstücke goldbraun anbraten und herausnehmen. Im gleichen Öl die Rosinen kurz anbraten. Für die Garnitur beiseite stellen und abkühlen lassen.
Nachdem das Fleisch ganz weich gekocht ist, von der Brühe 80–100 ml entnehmen und damit den Safran aufgießen. Die Fleischstücke herausnehmen und in kleinere Würfel schneiden. Das fein gewürfelte Fleisch in eine Schüssel geben und mit Joghurt, Essig, Curry, Kurkuma und der Safranfleischbrühe mischen. Als Letztes die fein gehackten Kräuter dazugeben. Mit Salz und Pfeffer abschmecken und ein paar Stunden zugedeckt stehen lassen.
Man erzielt noch einen besseren Geschmack, wenn man die Mischung über Nacht im Kühlschrank ziehen läßt.
Jetzt brauchen Sie nichts anderes zu tun, als dieses herrliche Fleisch samt der Marinade mit 4 EL Öl in der Pfanne 30 Minuten schmoren zu lassen.
Um eine dickere Sauce zu bekommen, die letzten 10 Minuten ohne Deckel schmoren lassen.
Danach mit den gebratenen Zwiebeln, dem Knoblauch, den Rosinen, den Mandel–Pistazien–stiften und frischen Kräutern garnieren.
Dazu entweder Fladenbrot oder königlicher Safranreis.
Sie werden dadurch nicht nur Ihrem Gaumen, sondern auch Ihrer Seele eine Freude bereiten.

Nush–e Dián: Guten Appetit

Die Zutaten für 4 Personen:

600 g	Lammfleisch von der Schulter, das Fleisch vom Knochen trennen und goulaschförmig zuschneiden
300 g	Joghurt, ein Küchentuch über ein Sieb legen, den Joghurt hineingeben und über einer Schüssel 2–3 Stunden abtropfen lassen
40 ml	Apfelessig
150 g	Zwiebeln, geschält und in feine Ringe geschnitten
1	Knoblauchzehe, fein gewürfelt
2 EL	gehackte frische Koriander-Petersilienmischung
1 TL	Curry
1 TL	Kurkuma
1/3 TL	Safran, fein gemahlen
	Salz und Pfeffer
	Öl
	Wenn man möchte: 50 g kernlose Rosinen
je 1 EL	Mandel– und Pistazienstifte

Ábgusht, Dizi

آبگوشت، دیزی

Lammfleisch–Hülsenfrüchte–Kartoffel–Eintopf

Die Zubereitung:

Für diese Spezialität brauchen Sie einen relativ großen Topf. Zuerst die Lammschulter waschen und in den Topf legen. Anschließend werden die gewaschenen weißen Bohnen und Kichererbsen, die Kartoffeln, die Tomaten und das Tomatenmark zusammen mit den getrockneten Limonen und der Petersilie, den Zwiebeln und Knoblauchzehen hinzugefügt. Den Reis und die Gewürze dazugeben und so viel Wasser dazugießen, bis alles bedeckt ist.
Sobald der Topfinhalt kocht, alles auf kleiner Flamme ca. 3 Stunden köcheln lassen, bis das Fleisch und die weißen Bohnen ganz weich sind.

Inzwischen duftet alles so gut, daß Sie und Ihre Gäste eventuell in Versuchung kommen, schon anzufangen. Aber Sie sollten Ihren gesunden Appetit zügeln, da es noch einiges zu tun gibt, wenn man diese Speise auf persische Art genießen möchte.

Nehmen Sie jetzt eine große hitzebeständige Schüssel und kippen den Topf so, daß nur die flüssige Sauce darin ausgegossen wird. Die Limonen in die Sauce geben.
Das Fleisch jetzt herausnehmen und sorgfältig von den Knochen trennen, anschließend das Fleisch wieder in den Topf geben.
Nun alles zu einem kräftigen Pürrèe stampfen und auf einen großen Teller verteilen. Mit Schalotten und frischen Kräutern, z.b. Petersilie, Koriander, oder Frühlingszwiebeln, garnieren. Zwei weichgekochte Limonen darauf zerdrücken und den Saft darüber träufeln. Die restlichen Limonen in der Sauce zerdrücken.

>>>

Dieser wunderschöne Brunnen ziert den Innenhof des Restaurants im Hafismausoleum. Dort servieren sie ein sehr zu empfehlendes Dizi.

Die Zutaten für 6 – 8 Personen:

1 kg	Lammschulter mit Knochen, die Knochen beim Metzger aufbrechen lassen
250 g	weiße Bohnen, einen Tag vorher in Wasser einweichen
250 g	Kichererbsen, einen Tag vorher in Wasser einweichen
40 g	Reis
400 g	Tomaten, geschält und geviertelt
2 EL	Tomatenmark
200 g	Zwiebeln, geschält und geviertelt
3	Knoblauchzehen, geschält
700 g	Kartoffeln, geschält und geviertelt
4-5	Limo Amani, persische getrocknete Limonen
60 g	Petersilie, gewaschen und fein gehackt
0,5 TL	Zimt
2 TL	Kurkuma
1,5 TL	Curry
1 TL	edelsüßes Paprikapulver
	Salz und Pfeffer
8-10 Stk.	Fladenbrot, falls vorhanden,

Wenn man sich jetzt diese Speise zu Gemüte führt, bedarf es einer gewissen – man kann fast sagen, rituellen persischen Eßgewohnheit:
Zuerst wird Sauce in einer Schale oder einen Suppenteller serviert. Darin legt man das zerkleinerte Fladenbrot, damit es weich wird. Auf persisch nennt man diesen Vorgang „Tarid".
Aber nicht zuviel Brot nehmen, sonst wird die Brühe vom Brot aufgesogen!
Jetzt können Sie und Ihre Gäste den „Tarid" für sich essen und das Pürrèe mit dem Rest des Fladenbrots als Beilage genießen oder das Pürrèe direkt zum „Tarid" geben und alles zusammen essen.
Natürlich kann alles mit Schalotten oder Kräutern verfeinert werden.

Danach genießen Sie einen Zimt–Kardamom–Tee und ein entspanntes gemütliches Beisammensein.

Diese Spezialität empfehle ich Ihnen für kalte Herbst- und Wintertage.

Nush–e Dján; Guten Appetit

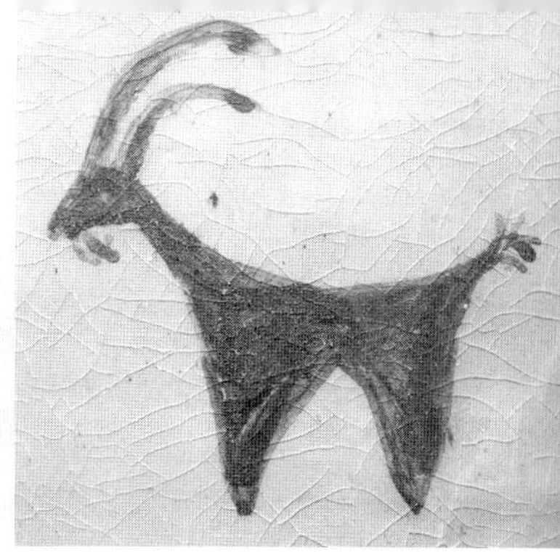

Kaleh Pácheh

کله پاچه

Lamm– bzw. Schafskopf und Gebeine

Diese Speise gehört zu den persischen Delikatessen, für die es im Iran sogar extra Restaurants gibt. Man besucht die Restaurants an kalten Herbst- und Wintertagen, um dort diese besondere Spezialität zu genießen. Wenn man Gäste zuhause bewirten möchte, kann man dieses Gericht auch auf Bestellung dort abholen.
Noch eine kurze Anmerkung zu den Hauptzutaten. Manchen deutschen Freunden kommen sie relativ sonderbar vor. Aber im Grunde genommen sind diese Zutaten auch nicht ungewöhnlicher als Blutwurst, oder Schweinebauch, die zu Recht zu den deutschen Spezialitäten zählen. Deshalb nur Mut zu dieser Delikatesse von der sich sogar die persischen Könige verwöhnen ließen. Es lohnt sich wirklich.

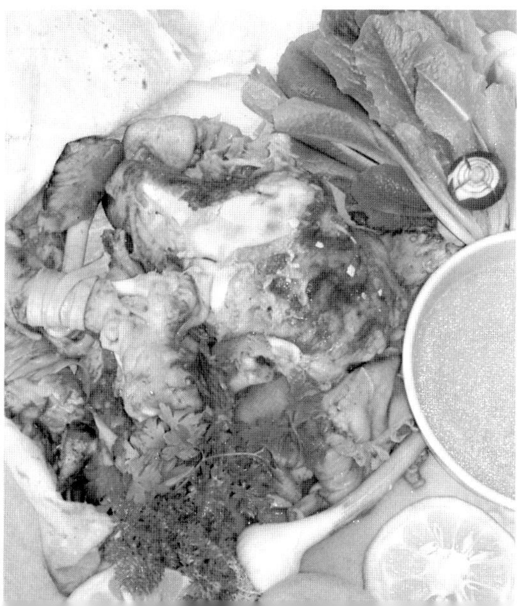

Die Zubereitung:

In einen relativ großen Topf werden als erstes der Schafskopf und Beine zusammen hineingelegt. Anschließend Zwiebeln, Knoblauch, Honig und Gewürze hinzufügen.
So viel Wasser dazugeben, bis alles bedeckt ist. Bei niedrigster Temperatur alles ca. 4,5 Stunden köcheln lassen. Immer wieder den entstandenen Schaum abschöpfen.
Wenn das Fleisch sich fast von allein von dem Knochen löst, ist es fertig.

Tip:

Es bietet sich an, die Sauce in eine extra Schüssel zu gießen, Darin zerkleinert man das Fladenbrot, damit es weich wird. Aber nicht zuviel Brot nehmen, sonst wird die Brühe vom Brot aufgesogen! Das Fleisch auf einer großen vorgewärmten Servierplatte anzurichten. Dann mit Petersilie, roten Zwiebeln und Zitronen oder frischen Limonen garnieren.

Danach einen guten Tee.

Nush–e Dján; Guten Appetit

Die Zutaten für 6 Personen:

1	Lamm- bzw. Schafskopf gründlich waschen und putzen, vor allem die Kiefer auseinander trennen. In türkischen bzw. griechischen Metzgereien erhältlich.
1	Lamm- bzw. Schafsmagen 15 Minuten in heißem Wasser kochen, dann gründlich mit kaltem Wasser waschen und in kleine Stücke schneiden.
4	Lamm- bzw. Schafsbeine, ersatzweise einen zweiten Lamm- bzw. Schafskopf, oder Hals
150 g	Zwiebeln, geschält und geviertelt
2	Knoblauchzehen, geschält und geviertelt
1 EL	Honig
2 TL	Kurkuma
2 TL	Curry
1/3 TL	Safran, im Mörser fein gemahlen
	Salz und Pfeffer

Sháh Balut Polo

شاه بلوط پلو

Lammfleisch Maronen Polo

Dieses Rezept habe ich in Rezeptsammlungen gefunden die im 16. bzw. 17. Jahrhundert, von zwei Hofköchen der Safaviden Dynastie Namens „Hadji Mohamadali Bawartschi Baghdadi“ und „Nurollah“, dessen Nachname leider unbekannt ist, geschrieben wurden. Als ich dieses Rezept las, war ich davon so begeistert, daß ich es sofort ausprobieren mußte. Dabei habe ich festgestellt, dass diese Euphorie nicht grundlos war. Um weitere Bestätigung zu bekommen, habe ich das Gericht in meinem Kochkurs noch mal ausprobiert – wie gesagt, da war das Ergebnis keine Überraschung für mich. Die TeilnehmerInnen waren begeistert. Deshalb möchte ich es auch an Sie weiterleiten. Mögen die Seelen dieser beiden Kochmeister sich mit uns freuen.

Reza

Die Zubereitung:

So viel Öl in eine Pfanne gießen, bis der Boden bedeckt ist. Sobald es heiß ist, das Fleisch in zwei Portionen goldbraun anbraten und herausnehmen. Danach die Zwiebelringe und die Knoblauchstücke goldbraun anbraten. Nun das Fleisch zurück in die Pfanne geben, mit Kurkuma, Curry, Zimtpulver und Galgant würzen und mit Salz und Pfeffer abschmecken. Alles mit ca. 100 ml Wasser ablöschen und zugedeckt 40–50 Minuten bei geringer Hitze köcheln lassen. In den letzten 15 Minuten die Maronen dazugeben.

Um die Wartezeit zu verkürzen, können Sie schon mit der Reiszubereitung beginnen.
In einen mittelgroßen Topf mit 3–4 Liter Volumen, ca. 2 Liter Wasser gießen und zum Kochen bringen. Den Reis 2–3 mal mit lauwarmem Wasser waschen. Sobald das Wasser kocht, den Reis zusammen mit 3 TL Salz dazuschütten. Bei niedriger Temperatur 7–8 Minuten köcheln lassen. Bei zu hoher Kochtemperatur schäumt das Wasser über.
Immer wieder ein paar Reiskörner probieren. Der Reis darf auf keinen Fall zu weich gekocht werden. Die Körner sollten noch etwas Biß haben.

>>>

Die Zutaten für 5 – 6 Personen:

400 g	Maronen, in heißem Wasser einweichen und gründlich schälen. Damit es leichter geht, ritzen sie die Maronen vorher kreuzweise ein.
400 g	Lammfleisch ohne Knochen, goulaschförmig schneiden
200 g	Zwiebeln, geschält und in feine Ringe geschnitten
2	Knoblauchzehen, geschält und in feine Ringe geschnitten
1	walnußgroßes Stk. Ingwer, geschält und in feine Streifen geschnitten
100 g	kernlose Rosinen
500 g	Basmatireis
1 TL	Kurkuma
1,5 TL	Curry
1 TL	Galgantpulver
1/3 TL	Safran, gemahlen
1 TL	Zimtpulver
30 g	Butter
	Öl
	Salz und Pfeffer

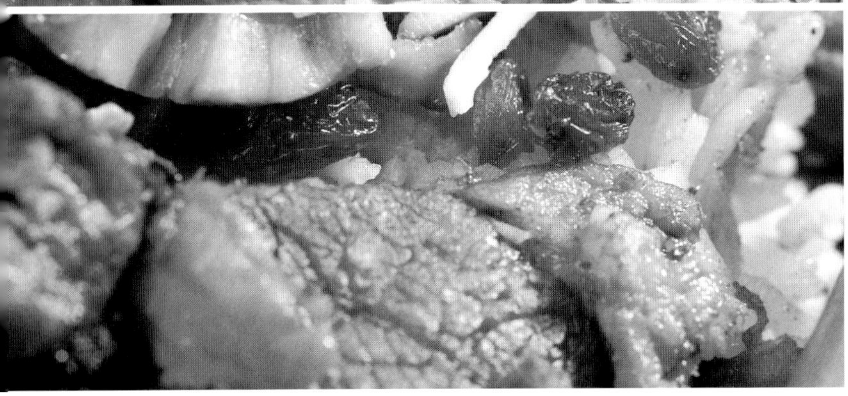

Schnell aber vorsichtig den Reis in ein Sieb umschütten, mit kaltem Wasser abschrecken und abtropfen lassen. Den Reistopf gründlich waschen, so viel Öl hinein gießen, bis der Boden mit einer dünnen Schicht bedeckt ist.

Jetzt müsste unser Maronen-Lammfleisch so weit sein. Etwas Reis in den Topf schütten, damit der Boden ganz bedeckt ist. Die Hälfte des Maronen-Lammfleisches in den Topf geben und gleichmäßig verteilen, dann die Hälfte des Reises. Denselben Vorgang noch einmal wiederholen. Mit dem Griff eines langen Holzlöffels mehrere Löcher bis zum Topfboden in den Reis stechen, dadurch verteilen sich Hitze und Dampf besser.

Danach ein sauberes Küchentuch nehmen, den Topfdeckel damit umwickeln und auf den Topf setzen. Bei niedriger Kochtemperatur soll unser Reis 70–80 Minuten dämpfen.
Den gemahlenen Safran und die Butter in eine große Tasse geben, und mit 50 ml heißem Wasser übergießen. Zugedeckt einige Minuten ziehen lassen. Wenn der Reis fertig ist, 10–12 EL davon entnehmen und in einer Schüssel mit dem Safran mischen. Den Rest des Reises auf einer großen Servierplatte anrichten und mit dem Safranreis bestreuen.
Die knusprige Unterschicht des Reises servieren Sie auf einem extra Teller. Wenn Sie möchten können Sie mit Pardisi (siehe Seite 102) garnieren.

Nush–e Dján; Guten Appetit

Dolmehj-e Bádemdján wa Felfel-e Dolmai wa Piáz

دلمهٔ بادمجان و فلفل دلمه‌ای و پیاز

Gefüllte Auberginen, Paprika und Gemüsezwiebeln

Die Zutaten für 6 Personen:

700 g	Rinderhackfleisch
200 g	Basmatireis
100 g	gelbe Erbsen
60 g	Dill, fein gehackt
60 g	Petersilie, fein gehackt
50 g	Koriander, fein gehackt
150 g	Frühlingszwiebeln, fein gehackt
3 EL	kernlose Rosinen
4 EL	Tomatenmark
30 ml	Limonensaft
1 TL	edelsüßes Paprikapulver
1/3 TL	gemahlener Safran
1,5 TL	brauner Zucker
1 TL	Kurkuma
1,5 TL	Curry
2	große Auberginen, das obere Drittel samt Stiel abschneiden. Die Auberginen aushöhlen. Das ausgeschabte aufheben.
2	große Fleischtomaten, den oberen Teil abschneiden und wie bei den Auberginen ausschaben und alles aufbewahren
2	rote Paprika, das obere Drittel samt Stiel abschneiden und aushölen
2	große Gemüsezwiebeln, schälen, obere Teile abschneiden, ausschaben und alles aufbewahren
	Salz und Pfeffer
5–6 EL	Olivenöl

Die Zubereitung:

Den Reis „al dente" kochen und in einem Sieb abtropfen lassen. Ebenso mit den gelben Erbsen verfahren, jedoch sollten sie etwas weicher sein. Den Reis und die Erbsen in eine große Schüssel geben. Das Hackfleisch, die Rosinen, die fein gehackten Kräuter, Curry, Kurkuma und Paprikapulver dazugeben und alles gut kneten und mischen. Mit Salz und Pfeffer abschmecken.
In zugedecktem Zustand 2–3 Stunden ziehen lassen.
Das Gemüse am besten ca. 45 Minuten vor dem Füllen ausschaben, damit die frische, knackige Form erhalten bleibt.
Beim Füllen aufpassen, daß das Gemüse nicht zu voll wird, da es sonst während des Dämpfens aufplatzten könnte.
Die sauber getrennten oberen Teile wieder auf das Gemüse aufsetzen und alles in einem großen Topf nebeneinander legen.
Den fein gemahlenen Safran mit 120 ml heißem Wasser übergießen und ein paar Minuten ziehen lassen. Das Olivenöl, den Limonensaft bzw. Apfelessig, 3 TL Tomatenmark, Zucker, eine Prise Salz und Pfeffer dazugeben. Umrühren und über die Dolmeh's gießen. Mit einem Küchentuch den Topfdeckel umwickeln und zugedeckt, bei geringer Temperatur, 80–90 Minuten dämpfen lassen.

20 Minuten vor dem Servieren die ausgeschabten Gemüsereste in Olivenöl anbraten.
Mit 1 TL Tomatenmark, mit Salz und Pfeffer, je 1/3 TL Curry und Kurkuma abschmecken und bei niedriger Kochtemperatur köcheln lassen.

Beim Servieren am besten ein großes Tablett oder eine große Anrichteplatte nehmen, und die Sauce darauf gießen. Die Dolmeh's am besten mit zwei großen Holzlöffeln vorsichtig aus dem Topf herausnehmen und auf die Anrichteplatte, oder das Tablett legen.
Falls noch Sauce in dem Topf vorhanden ist, über die Dolmeh's gießen.

Dieses Gericht ist fast ein Muß bei allen großen Festen.

Nush–e Dján; Guten Appetit

گوی شادکامی

Guj-e Shádkámi

Persische Marzipanbällchen

Die Zubereitung:

Die gemahlenen Pistazien- und Mandelkerne, das Kardamompulver, den Puderzucker und das Rosenwasser zu einer Masse kneten, gut vermischen und zu kleinen Bällchen formen.
Mehl, Eier und Joghurt mit einer Prise Salz solange schlagen, bis ein lockerer Teig entsteht.
Die Bällchen einzeln ganz in den Teig eintauchen, herausnehmen und gleichmäßig in den Mandelplättchen wälzen.
In einer Pfanne reichlich Öl erhitzen und die Bällchen darin goldbraun frittieren.
Zum Abtropfen auf Küchenpapier legen.

Für diesen (Hoch)genuß sollten Sie schwindelfrei sein.

Nush–e Dján; Guten Appetit

Die Zutaten:

200 g	Pistazienkerne, fein gemahlen
200 g	Mandelkerne, fein gemahlen
1 TL	fein gemahlener Kardamom
4 EL	persisches Rosenwasser
50 g	Puderzucker
2	Eier
50 g	Mehl
100 ml	Joghurt
1 Prise	Salz
50 g	Mandelplättchen
	Öl

ماست با خرما

Mást bá Khormá
Datteln und Joghurt

Die Zutaten:
für 4 – 6 Personen

300 g	persische Datteln, entkernen
40 g	Butter
750 g	Joghurt, ein Küchentuch über ein Sieb legen, den Joghurt hineingeben und über einer Schüssel abtropfen lassen
1 TL	Gewürzmischung, gemahlen zusammengesetzt aus: 1 Sternanis, 3 Gewürznelken, 0,5 Zimtrolle, 1/4 TL Safran
2 EL	Rosenwasser
1 EL	gemahlene Pistazien, und Mandeln

Die Zubereitung:

Die Datteln in heißer Butter ca. 2–3 Minuten wenden. Anschließend gleich die Gewürze dazugeben. Mit Rosenwasser ablöschen, in kleine Portionen teilen und abkühlen lassen.
Den Joghurt in Dessertschalen anrichten und mit den Datteln bestücken.
Zum Schluß mit den gemahlenen Pistazien und Mandeln bestreuen.

Die frischesten Datteln bekommt man im Herbst nach der Dattelernte. Wir empfehlen Ihnen daher dieses Dessert im Herbst zu genießen.

Nush–e Dján; Guten Appetit

Dattelhain bei Ahwáz.

فرنی

Ferni

Milch und Reismehl mit Honig

Die Zubereitung:

Das Reismehl mit 200 ml Wasser ansetzen und aufkochen lassen. Anschließend bei niedrigster Kochtemperatur 25 Minuten köcheln, dabei immer wieder umrühren.
Unter weiterem Umrühren die Milch, den Kardamom, das Rosenwasser und den Honig dazugeben und weitere 10 Minuten köcheln lassen. Bitte auch weiterhin das Umrühren nicht vergessen.

Sobald die Masse anfängt fester zu werden, den Topf vom Herd nehmen und die Speise in kleine Schüsseln portionieren. Mit gemahlenen Pistazienkernen garnieren.

Ob heiß oder kalt, dieses Dessert wird Ihnen große Freude bereiten.

Nush–e Dján; Guten Appetit

Die Zutaten für 6 Personen:

5 EL	Reismehl
300 ml	Milch
3 EL	Rosenwasser
0,5 TL	gemahlener Kardamom
1 EL	gemahlene Pistazienkerne
2–3 EL	Honig, wenn sie möchten, können Sie auch braunen Zucker nehmen

Drei Männer im Eram-Garten/Shiráz.

حلوای هویج

Halwáj-e Hawidj
Karotten Halwa

Die Zubereitung:

Die feingehobelten Karotten zusammen mit der Milch in eine tiefe Pfanne geben und beides ca. 50–60 Minuten köcheln lassen, so daß eine relativ feste Masse entsteht. Immer wieder umrühren, damit die untere Schicht nicht anbrennt. Jetzt die Butter unterheben und nach ca 10 Minuten den Zucker, den Kardamom und je die Hälfte der Pistazien- bzw. Mandelstifte, die Rosinen und das Rosenwasser dazugeben.
Alles noch einmal gründlich mischen.
Nach weiteren 5 Minuten die Masse auf einem großen Teller anrichten und mit dem Rest der Pistazien- und Mandelstifte garnieren.

Tipp: Wenn Sie möchten, können Sie die Mandelstifte kurz anrösten, um einen noch interessanteren Geschmack zu erreichen.

Als Letztes mit Zimtpulver bestreuen und fertig ist Ihr zauberhafter Nachtisch.

Das ist wirklich einmal etwas Anderes, wenn man Karotten, statt als Vorspeise im Salat, als Nachtisch serviert bekommt.

Nush–e Dján; Guten Appetit

Die Zutaten für 6 – 8 Personen:

600 g	Karotten, fein gehobelt
80 g	kernlose Rosinen
60 g	Butter
400 ml	Milch
2 EL	Zucker
0,5 TL	gemahlenen Kardamom
50 g	Pistazienstifte
50 g	Mandelstifte
2 EL	Rosenwasser
0,5 TL	Zimtpulver

Karottenverkäufer im Gemüsebasar von Shushtar.

شربت آلبالو

Sharbat-e Álbálu

Schattenmorellensirup

Die Zubereitung:

Die Schattenmorellen müssen entkernt und die Stiele entfernt werden. Danach waschen und abtropfen lassen.
Die Schattenmorellen mit der Hälfte des Zuckers in einer Schüssel zerdrücken und mit der Hand mehrmals umrühren. Zugedeckt über Nacht stehen lassen.
Am nächsten Tag 1 Liter Wasser zum Kochen bringen und über die Zucker-Schattenmorellen-Mischung gießen.
Nach 6–7 Stunden ein sauberes Leinentuch als Filter in ein Sieb legen und die Fruchtmasse in einen Topf durchpassieren.
Nachdem die Flüssigkeit durchgesickert ist, die verbliebene Fruchtmasse in dem Filtertuch drücken bzw. nochmals ausquetschen.
Den restlichen Zucker zu dem nunmehr etwas dickflüssigen Saft dazugeben und bei geringer Hitze ca. 1 Stunde köcheln lassen. Dadurch wird eine noch dickere sirupähnliche Konsistenz erreicht.

Wie beim Sekandjebin (siehe Seite 125) kann man dieses Getränk für sich selbst oder für seine Gäste zubereiten. Am besten rührt man eine kleine Menge des Sirups ins Wasser, bis man die gewünschte Süße erreicht hat.

Nush–e Ján; Guten Appetit

Die Zutaten:

1,5 kg	Schattenmorellen, am besten frische
2 kg	Zucker

شربت به لیمو

Sharbat-e Behlimu
Quitten- Limonen Sirup

Die Zutaten:

2 kg	Quitten
1,5	kg Zucker
5	Limonen oder eine Tasse persischer Limonensaft

Die Zubereitung:

Die Quitten gründlich waschen, schälen, entkernen, und dann in sehr kleine Würfel schneiden. Man kann die Quitten auch raspeln.
Die Hälfte des Zuckers dazugeben, mischen und über Nacht ziehen lassen. Am nächsten Tag 1 Liter Wasser zum Kochen bringen und gleich auf die Quitten-Zucker-Mischung gießen.
6-7 Stunden abkühlen und ziehen lassen.
Ein Küchentuch in ein Sieb legen und die Mischung durch das Sieb passieren. Die Tuchecken anheben und so den restlichen Saft ausquetschen. Den restlichen Zucker und den Limonensaft zu dem Sirup geben und auf dem Kochherd bei geringer Kochtemperatur ca. 1 Stunde köcheln lassen um eine noch dickere Konsistenz zu bekommen.

Nush–e Dján; Guten Appetit

Als Serviervorschlag siehe Schattenmorellensirup (Seite 122).

شربت سکنجبین

Sharbat-e Sekandjebin
Essigsirup

Die Zutaten:

1 Liter	Wasser
300 ml	Weinessig
1,5–2 kg Zucker	
1 kleiner Bund Nanaminze, gut gewaschen.	
2	Zimtstangen
6 Stk.	Gewürznelken

Die Zubereitung:

Das Wasser zum Kochen bringen. Den Zucker in das kochende Wasser einrühren und auflösen. Den Essig und die zusammengebunde Nanaminze, Zimtstangen und Gewürznelken hinzufügen.

Der Sirup muß ca. 30 Minuten köcheln. Danach vom Herd nehmen, durch ein Sieb gießen, abkühlen lassen.

Zum Aufbewahren z. B. in Einmachgläser oder Flaschen abfüllen.

Zum Trinken rührt man 2–3 EL von diesem Sirup in ein Glas Wasser oder Sprudel, gekühlt genießen.

Sehr schmackhaft ist auch das Tunken von Kopfsalatblättern oder anderer Salatsorten in diesen Sirup.

In heißen Sommermonaten ein Hochgenuß.

Nush–e Dján; Guten Appetit

Der Besuch wird mit Tee willkommen geheißen.

چای شیر

Cháj-e Shir
Milchtee

Die Zubereitung:

Das Wasser zum Kochen bringen, die Milch, die Ingwerscheiben und die Gewürze dazugeben und alles 10 Minuten köcheln lassen.

Dieser Tee ist über Indien und Pakistan bis hin zu Südpersien sehr beliebt. Vor allem an kalten Herbst- und Wintertagen, besonders zum „Shabe Yaldá" Fest am 21. Dezember.

Nush–e Dján; Guten Appetit

Die Zutaten für eine 1-Liter-Kanne:

350 ml	Milch
650 ml	Wasser
1	walnußgroßes Stück frischer Ingwer, gut gewaschen, ungeschält in feine Scheiben geschnitten
1	Zimtrolle, grob zerkleinert
2 Stk	Sternanis, grob zerkleinert
6–8 Stk.	Gewürznelken, grob gemahlen
1,5 TL	schwarzer Tee
5–6 TL	Zucker

چای مریم گلی، نعنا، زنجبیل و دارچین

Cháj -e Marjam-e Golli-Naná-Zandjabil wa Dárchin

Salbei–Minze–Ingwer–Zimt Tee

Die Zutaten
für eine 1-Liter-Kanne:

1 Liter	Wasser
1 EL	frisches Salbei, fein gehackte
1 EL	frische Minze, fein gehackte
1	Zimtstange
1	walnußgroßes Stück frischer Ingwer, gut gewaschen, ungeschält in feine Scheiben geschnitten
1	frische Limone, gut gewaschen und in Scheiben geschnitten

Die Zubereitung:

Die Kräuter, die Ingwerscheiben, den Zimt und die Limonenscheiben in eine Kanne geben und mit kochendem Wasser übergießen.
5–8 Minuten ziehen lassen und mit braunem Zucker oder Kandiszucker genießen.

Dieser Tee ist eines der besten Getränke für heiße Sommertage.
Wenn Sie möchten, können Sie den Tee auch kalt, mit Eis, für sich oder Ihre Gäste zubereiten.

Nush–e Dján; Guten Appetit

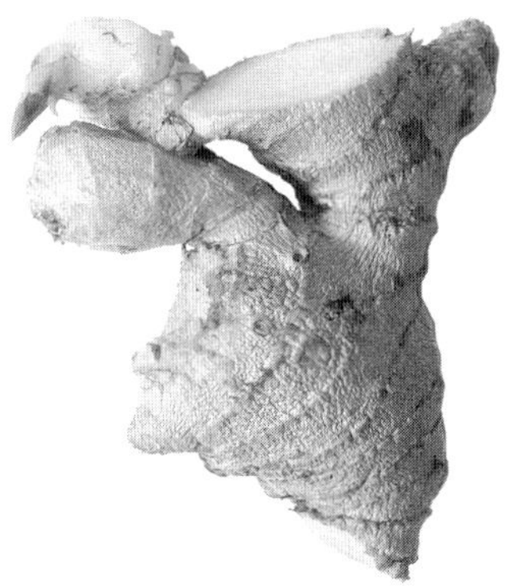

چای زعفران

Cháj-e Zafarán
Safrantee

Die Zubreitung:

Das Wasser zum Kochen bringen. Das Rosenwasser, den Kardamom und den Safran dazugeben. Zugedeckt 5 Minuten köcheln, und anschließend weitere 3 Minuten ziehen lassen. In jedes Teeglas ein bis zwei Brustbeeren dazugeben und mit dem Tee übergießen. Selbstverständlich können Sie nach dem Genuß des Tees die aufgeweichten Beeren essen. Am besten mit Kandiszucker servieren.

In manchen Regionen Persiens wird dieser Tee, als Erstes „Ja" Wort der Brautfamilie, den Angehörigen des zukünftigen Bräutigams angeboten. Ein schöneres Zeichen kann man sich kaum vorstellen. Oder?

Nush–e Dján; Guten Appetit

Die Zutaten für eine 1-Liter-Kanne:

0,5 TL	fein gemahlener Safran
0,5 TL	fein gemahlener, weißer Kardamom
200 ml	persisches Rosenwasser
800 ml	Wasser

Wenn vorhanden, 10 Stk. Brustbeeren, auf persisch "Onnáb"

قابلهٔ آبستن

Der schwangere Topf

Titelgeschichte aus den persisch-orientalischen Erzählungen von Reza Haidari Kahkesh

Mullah Wali bewohnte ein kleines, aber sehr gepflegtes Anwesen in einer winzigen Ansiedlung auf dem Land, fernab größerer Städte. Sein Nachbar Mirsa Nosulkhaar war ein recht habgieriger Mensch, der nie genug besitzen konnte und aus allen Dingen in seinem Leben einen materiellen Vorteil ziehen wollte.

Eines Tages klopfte Mullah Wali an der Tür des Nachbarhauses und als Mirsa Nosulkhaar öffnete, fragte er ihn höflich, ob er sich einen Topf von ihm entleihen könne, da Gäste in sein Haus kommen würden und er nicht genug Töpfe habe, um alle zu bekochen. Nach kurzem Zögern willigte der Gefragte ein und übergab ihm einen großen kupfernen Kochtopf. Mullah Wali bedankte sich lange und höflich und trug den Topf schnell zu sich nach Hause.

Einige Tage später brachte Mullah Wali den Topf zu seinem Nachbarn zurück. Doch übergab er ihm noch einen weiteren, kleinen Topf. Dem verdutzten Mirsa Nosulkhaar erklärte Mullah Wali: „Dein Topf hat bei mir ein Kind bekommen und so gehört Dir nun auch dieser zweite Kochtopf. Nimm ihn und behandle ihn gut." Der Nachbar war erstaunt, freute sich aber, dass er nun einen weiteren Topf besaß. Ohne seinem Nachbar lange zu danken nahm er den Topf und verschwand in seinem Haus.

Bereits wenige Tage danach klopfte Mullah Wali erneut an der Tür des Nachbarhauses, um sich abermals einen Topf zu entleihen. Diesmal bekam er den besten und grössten Topf, ohne dass Mirsa lange überlegte. Dieser dachte bei sich: „Bestimmt bekomme ich diesmal einen zusätzlichen großen Topf zurück - oder vielleicht werden es sogar Zwillinge." Doch vergingen diesmal viele Tage und als schließlich beinahe ein voller Monat ins Land gegangen war, ohne dass Mullah Wali zu ihm gekommen war, beschloss Mirsa Nosulkhaar, sich seinen Topf selber zurück zu holen. Schnell verließ er sein Haus und ging den kurzen, bewachsenen Weg zu Mullah Walis Haus hinüber.

Als er an die Tür klopfte und ihm geöffnet wurde, fragte er nach einer kurzen Begrüßung ohne weitere Umschweife nach dem Verbleib seines Eigentums. Da wurden Mullah Walis Augen traurig und er sagte: „Es tut mir wirklich sehr leid, aber dein Topf ist vor ein paar Tagen gestorben. Heute wollte ich zu dir gehen, um es dir zu sagen." Der habgierige Nachbar stutzte und erwiderte dann erbost: „Aber das ist unmöglich, ein Topf kann gar nicht sterben! Das ist unmöglich!" „Wenn ein Topf ein Kind bekommen kann", erwiderte der Angesprochene kurz und knapp, „dann kann er auch sterben. Es tut mir leid, aber ich kann dir deinen Topf unmöglich geben - er ist tot." Mit diesen Worten schlug Mullah Wali dem sprachlosen Nachbarn die Tür vor der Nase zu.

Gewürzglossar

und Aussprachebeispiele für Pársi

Deutsch	پارسی	Pársi
Adiowan	زینان	Zinán
Anis	بادیان، اَنیسون	Badián, Ánisun
Artischoke	کنگر	Kangar
Asant, Asafoetida	آنغوزه	Ánghuzeh
Aubergine	بادمجان	Bádemdján
Bärenklau-Art	گلپر	Golpar
Baldrian	سُنبله‌تیپ	Sonboleh Tip
Banane	موز	Mouz
Basilikum	ریحان	Raihán
Beifuss	برنجاسف	Berendjásef
Berberitze	زرشک	Zereshk
Besenkrautsamen	خاکشیر	Kháke Shir
Blumenkohl	گل کلم	Gol Kalam
Bockshornklee	شَنبلیله	Shanbelileh
Bohnen / dicke, türkische Bohne	باقلا	Bághelá
Bohnenkraut	مَرزه	Marzeh
Borretsch	گُل‌گاوزَبان	Golgáw Zaban
Brokkoli	گُل کلم سبز	Gole Kalame Sabz
Brunnenkresse	شاهی آبی	Sháhi e Ábi
Brustbeere	عناب	Annáb, Onnáb
Chili	فلفل‌قرمز تند	Felfele Ghermeze Tond
Dattel	خرما	Khormá
Dattelpflaume, Kaki	خرمالو	Khormálu
Dill	شوید	Shewid
Erbsen / grün	نخود سبز	Nokhod Sabz
Erdbeere	توت فرنگی	Tut Farangi
Erdnuss	بادام زمینی	Bádám Zamini
Estragon	تَرخان	Tarkhán
Feige	انجیر	Andjir
Fenchel	رازیانه	Rázijáneh

Deutsch	پارسی	Pársi
Galgant	خُسرودار	Khosroudár
Gemüse	تره بار، سبزی جات	Tareh Bár, Sabzi Dját
Getreide	غَلات	Ghalát
Granatapfel	انار	Anár
Granatapfelkerne / getrocknet	انار دانه	Anár Dáneh
Halselnuss	فندق	Fandogh
Hefe	مخّمر	Mokhamer
Honigmelone	خربزه	Kharbozeh
Hopfen	رازَک	Rázak
Hülsenfrüchte	حبوبات	Hobubát
Ingwer	زَنجَبیل	Zandjabil
Kamille	بابونه(بابونک)	Bábuneh (Bábunak)
Kapern	کبر	Kabr
Kapuzinerkresse	تَره‌تیزَک	Tareh Tizak
Kardamom	هل	Hel
Karotte	هویج	Hawidj
Kartoffel	سیب زمینی	Sib Zamini
Kastanien, Marone	شاه بَلوط	Sháh Balut
Kerbel	جعفری فرنگی	Djafari e Farangi
Kichererbsen	نخود	Nokhod
Kichererbsen / geschält	لپه	Lapeh
Kieselbohnen	لوبیا چیتی	Lubiá Chiti
Knoblauch	سیر	Sir
Kohlrabi	کَلَم قُمری	Kalam Ghomri
Kokosnuss	نارگیل	Nárgil
Koriander	گشنیز	Geshniz
Kornelkirsche	ذغال اَخته	Soghál Akhteh
Kresse	شاهی	Sháhi
Kümmel	زیره	Zireh
Kürbis	کدو تَنبَل	Kadu Tanbal
Kurkuma	زَردچوبه	Zarchubeh

Deutsch	پارسی	Pársi
Lakrize	شیرین بیان	Shirin Baján
Lauch, Porree	ترهٔ فَرنگی	Tareh Farangi
Lavendel	اُستوخودوس	Ostukhodos
Liebstöckel	انجدان رومی	Andjadán e Rumi
Limette, getrocknet	لیمو عمانی	Limu Amáni
Linsen / rot	دال(عَدَسی)	Dál (Adasi)
Lorbeerblatt	بَرگ‌بو	Barge Bu
Majoran	گُلپر ، مَرزَنگوش	Golpar, Marzangush
Mandarine	نارنگی	Nárangi
Mandel	بادام	Bádám
Mastix (essbarer), Gummiarabikum	مَصطَکی	Mastaki
Maulbeeren	توت	Tut
Merrettich	تُرب کوهی	Torbe Kuhi
Mehlbeeren	سنجد	Sendjed
Melisse	بادَرنگبویه	Bádarangbujieh
Minze	نَعنا	Naná
Mispel	ازگیل	Ezgil
Mohnsamen	خَشخاش	Khashkhásh
Mungbohnen	ماش	Másh
Muskatnuss	جوزهندی	Djouse Hendi
Nelke, Gewürznelke	میخک	Mikhak
Obst	میوه	Miweh
Okrabohnen	بامیه	Bámijeh
Oliven	زیتون	Zaitun
Orange, Apfelsine	نارنج (پرتقال)	Nárendj (Portoghál)
Orangenblüte	بهارنارنج	Bahár Nárendj
Oregano	مرزه	Marzeh

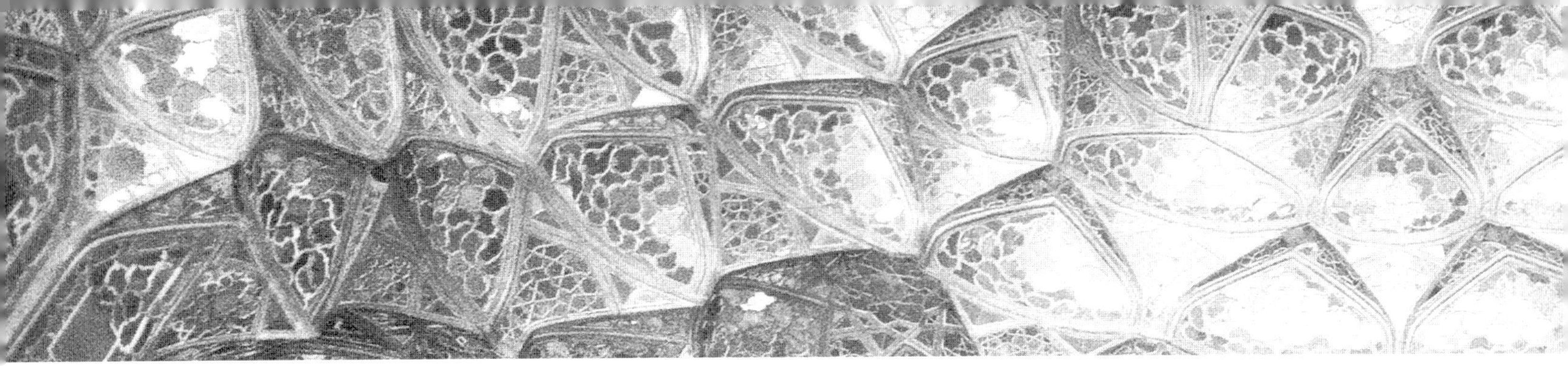

Deutsch	پارسی	Pársi
Paprika	فلفل فرنگی	Felfele Farangi
Petersilie	جَعفَری	Djafari
Piment	فلفل بهار	Felfele Bahár
Pinienkerne	میوهٔ درَخت صَنوبَر	Miweje Derakhte Sanoubar
Pistazien	پسته	Pesteh
Pomeranze	نارنج	Nárendj
Portulaksamen, Burzelkraut	(تُخم) خُرفه	(Tokhme) Khorfeh
Quitte	به	Beh
Radieschen	تُربچه	Torobcheh
Reis	برنج	Berendj
Rhabarber	ریواس	Riwás
Rosenblätter	گُل گُلاب	Gole Goláb
Rosenkohl	کلم دکمه‌ای	Kalam Dokmaie
Rosine	کشمش	Keshmesh
Rosmarin	اکلیل کوهی	Eklile Kuhi
Rübe / rot, rote Beete	چغندر	Choghondar
Salat	کاهو پیچ (سالادی)	Kahu Pich (Sáládi)
Safran	زَعفَران	Zafarán
Salbei	مَریَم گلی	Marjame Goli
Schnittlauch	تَره	Tareh
Schwarzaugenbohne	لوبیا چشم بلبلی	Lubijá Cheshm Bolboli
Schwarzkümmel	سیاه دانه	Siják Dáneh
Sellerie	کرفس	Karafs
Senf	خردل	Khardal
Sesam	کُنجد	Kondjed
Spargel	مار چوبه	Már Chubeh
Spinat	اسفناج	Esfenádj
Sumach	سُماق	Somágh
Tamarinde / Tamarindenpaste	تمر هندی (خرمای هندی)	Tamre Hendi (Khormaj e Hendi)
Thymian	آویش شیرازی	Áwishan Shirázi
Traube	انگور	Angur

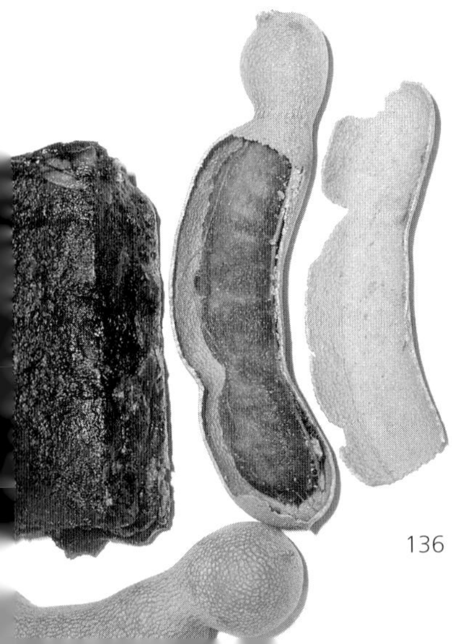

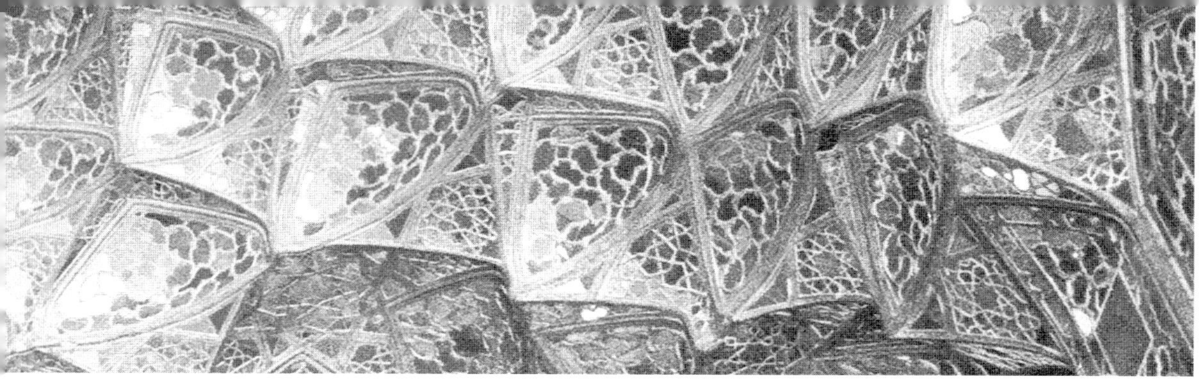

Deutsch	پارسی	Pársi
Vanille	وانیل	Wánil
Wacholderbeere	میوهٔ سَرو کوهی	Miwejeh Sarwe Kuhi
Walnuss	گردو	Gerdu
Wassermelone	هندوانه	Hendewáneh
Weisse Rübe	شلغم	Shalgham
Wermut	افسنتین	Afsentin
Wilder Knoblauch	موسیر	Musir
Ysop	زوفا	Zufá
Zimt	دارچین	Dárchin
Zitrusfrüchte	مرکبات	Morakabát
Zucchini	کدو سبز	Kadu Sabz
Zwiebel	پیاز	Pijaz

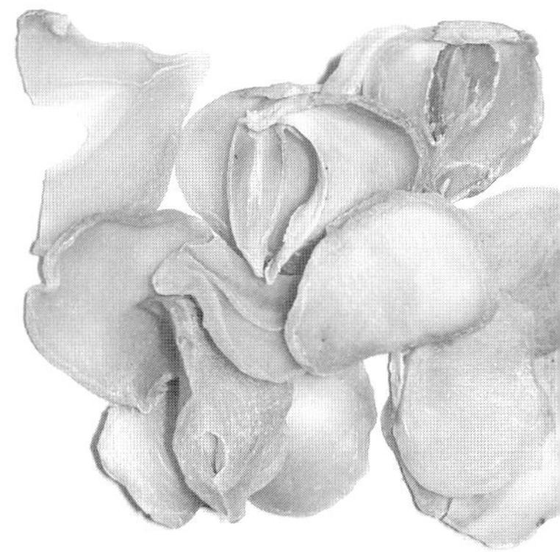

Aussprachebeispiele für Pársi

Buchstaben	Beispiel	Aussprache
A, a	Angur, Andjir	A, wie bei Abend oder Asche
Á, á	Anár, Áwishan	Aa, wie bei Aal oder Saal
Dj, dj	Djouse Hendi, Zandjabil	J, wie beim englischen jumping
Kh, kh	Khashkásh, Khákeshir	Ch, wie bei Buch oder Bach
J, j	Pijaz	J, wie bei Jahr oder jede
Ch, ch	Zard Chubeh	Tsch, wie bei Deutsch
Gh, gh	Bághelá, Ghalát	stimmloses, verschlucktes g
Sh, sh	Shewid, Sháhi	Sch, wie bei Schule, oder Mensch
Z, z	Zaitun, Ezgil	S, wie bei Summe oder Sauna

Orizent, Persien bis Afrika

Vielen Dank an Herrn Dr. Vahid Moazami; er hat uns aus seinem reichhaltigen Angebot an orientalischen Assesoires und wunderschönen persischen Kelims eine Auswahl für die Fotoaufnahmen zur Verfügung gestellt.

Orizent: Persien bis Afrika
Orizent GmbH
Import Export
Pliensaustraße 50
73728 Esslingen a.N.
Tel.: ++49(0)711-120 33 00

Miyasa

Der Safran von miyasa stammt aus kontrolliertem Anbau im Iran und ist in fast allen persischen Spezialitätengeschäften in Deutschland zu einem guten Preis und höchster Qualität in 2, 5 und 15 Grammdosen zu erwerben.

Y. Sabet
Miyasa Feinkostwaren
Salierstr. 70
71334 Waiblingen
Tel.:++49(0)7151-90 83 90
Fax: ++49(0)7151-56 10 59
E-Mail: y.sabet@miyasa.de
www.miyasa.de

Danksagung

an Renate Boedeker, Angelika Ballweg, Gisela Köhler, Dr. Uta Maria Roos, Saeed Ashraghi, Navid Karimi Duraki, Gunther Weipert, und alle anderen Freunden, die uns bei der Entstehung dieses Kochbuchs unterstützt haben.

Notizen